Sempre em modo positivo

JOSÉ RODRIGUES

COPYRIGHT

CONTEÚDO

AGRADECIMENTOS

Acredito que a vida vale a pena ser vivida, dependendo da quantidade de alegria que conseguimos trazer a nós próprios, e a todos os que nos rodeiam.

Este projecto é o resultado de um primeiro passo para a divulgação das minhas ideias, sobre a gestão em geral, e sobre a gestão de equipas em particular. Estas ideias foram consolidadas ao longo de vinte anos de experiência profissional, passados em contacto com diversas realidades e ambientes: em diferentes empresas, em contexto de liderança directa de equipas, em ambientes de formação e também ao integrar equipas de debate construtivo na busca de soluções concretas.

Para além da experiência profissional do quotidiano, aprendi (e aprendo) muito a partir de diversas fontes, tais como: livros, seminários, sites online, colegas de profissão e debates amigáveis que me conduziram a importantes e profundas reflexões. Agradeço a todos.

Ao longo do meu percurso sacrifiquei, por vezes, algum tempo em família a favor da minha dedicação ao estudo.

Podemos racionalizar muito sobre a rentabilidade das nossas actividades profissionais, mas isso não é o mais importante para nos trazer alegria. Descobri que, se pretendo trazer alegria a mim próprio, tenho de começar por trazer alegria às pessoas de quem mais gosto.

Faço uma menção especial a Teresa Rodrigues, minha prima, amiga e ultra-fiável auditora de todo o texto, em termos sintácticos e de pontuação. Muito obrigado.

Agradeço aos meus pais tudo o que me têm dado, mas sobretudo agradeço os ensinamentos, o apoio e o amor.

As palavras mais importantes deste livro vão para a minha esposa e para os meus filhos.

A minha esposa foi (e é) a minha melhor aposta de sempre. É a pessoa a quem eu devo toda uma vida construída em conjunto.

Os nossos filhos são a luz e a alegria da minha vida.

Agradeço toda a paciência e compreensão que, gentilmente, me têm dado.

1.0 INTRODUÇÃO

Na nossa vida, a criação e manutenção de contextos positivos é um desafio permanente.

O ser humano, quando nasce, possui o máximo das suas capacidades em estado latente. Os primeiros momentos de vida caracterizam-se, sobretudo, pela observação de tudo o que nos rodeia, e pela aprendizagem permanente, sem fazer juízos de valor.

Gradualmente, as capacidades individuais de cada pessoa vão sendo desenvolvidas, atingindo graus de excelência diversos. Aqueles, a quem são proporcionadas as experiências que estimulam as suas maiores capacidades, acabam por surgir mais cedo em níveis de destaque. Aqueles que percebem as capacidades que têm, e as potenciam ainda mais pela via do trabalho e da dedicação, atingem níveis de desempenho ainda mais altos.

As experiências são apenas experiências, por si só, não são positivas ou negativas.

As experiências são positivas, ou são negativas, quando nós as valorizamos como tal.

As experiências são sempre consideradas positivas quando nos surpreendem, causando uma sensação de bem--estar.

EXCELÊNCIA implica SURPRESA!

Ser excelente implica, obrigatoriamente, ter capacidade para surpreender pela positiva.

O objectivo deste livro é dotar os responsáveis pela gestão de uma organização, de um mecanismo simples, estruturado e metódico que lhes permite potenciar a criatividade das suas equipas, veículo único para se atingir o objectivo da Excelência.

Conceitos chave

A busca pela Excelência é proposta pelo líder da empresa, através do uso sistemático de três conceitos chave:
- Equipa
- Suporte estruturado da informação
- Simplificação focalizada

De seguida, cada um destes três conceitos será explicado de forma sumária, sendo detalhado no capítulo seguinte.

No final, a convicção relativamente à eficácia deste método será avaliada pelo leitor. Procura-se a elevação do estado geral da empresa, com repercussões positivas, a nível colectivo e individual, que se estendam para fora da organização, surpreendendo!

Equipa

Uma organização de excelência tem de ter a capacidade de se movimentar do Colectivo para o Individual, e do Individual para o Colectivo, quer no seu interior, quer no seu relacionamento com tudo o que a rodeia.

O ser humano desenvolve-se numa união íntima, entre o racional e o emocional.

Atender aos aspectos racional e emocional é um desafio permanente no mundo actual, para profissionais e empresas de qualquer ramo de actividade.

EQUIPA	
RACIONAL	EMOCIONAL
Estratégia	Comunicação
Estrutura	Empenho
Execução	Entre-ajuda

Figura 1 - Equipa

Para termos uma verdadeira equipa temos de ter uma ligação estreita, e positiva, entre os aspectos racional e emocional da organização.

Ao nível Racional, a equipa tem de ter uma estratégia para ultrapassar cada problema ou dificuldade. Sem estratégia, o objectivo apenas pode ser atingido por acaso.

Depois de elaborada a estratégia, é preciso definir a estrutura necessária para que possa ser implementada.

Por último, sabendo **o que fazer** e **porque fazer** (estratégia), sabendo **quem** vai fazer e **como** (estrutura), partimos para a execução.

A execução dá resposta aos **quanto** e **quando** se vai fazer.

Uma organização que não disponha do nível Racional básico, implementado com competência, é uma organização condenada ao insucesso.

Mas, o facto de se dispor de um adequado desempenho Racional, em termos de Estratégia e de Estrutura, por si só, não garante a boa Execução.

Para além das necessárias competências técnicas que os Executantes que compõem a Estrutura devem ter, para vencer as adversidades, apenas com um nível emocional elevado atingem os resultados de excelência.

A estratégia não pode ser implementada se:

- A comunicação da estratégia for deficiente;
- A estrutura não estiver receptiva e não for empenhada na sua prossecução;
- A estrutura se apresentar pouco coesa, fraccionada nos seus objectivos individuais, e pouco envolvida entre si nos objectivos colectivos.

É a conjugação das vertentes racional e emocional que permite a obtenção de desempenhos de excelência, com resultados consistentes a longo prazo.

A análise destes seis itens permite, de forma objectiva, estabelecer conclusões relativamente ao desempenho de uma organização.

A função do analista é observar, sem fazer juízos de valor. Observar procurando aprender com tudo o que vê, ouve e sente, sem fazer juízos de valor. Observar e registar as observações catalogando-as nos seis itens cruciais.

A criação de uma onda positiva, no seio da organização, depende da competência do responsável pela empresa na liderança da equipa, e na forma como é capaz de estender a sua acção a todos os colaboradores, multiplicando várias vezes os seus efeitos positivos.

"O patrão só pensa nos números!"

"O lucro é o único objectivo da empresa!"

Quantas vezes se ouvem frases desta natureza no seio das organizações?

Estas situações são sintomáticas de que algo precisa ser feito.

A criação de um estado de espírito positivo, generalizado no seio de uma organização, pressupõe a existência de uma sucessão regular de eventos positivos para as entidades que lhe estão próximas: accionistas, funcionários, clientes, fornecedores, distribuidores e adeptos.

Qualquer que seja a sua actividade, se está motivado para atingir um desempenho de excelência, questione--se:

1. Tenho uma estratégia para atingir o meu objectivo?
2. Disponho de uma estrutura adequada para executar a minha estratégia?
3. Sou competente na execução das acções que conduzem ao objectivo? Percebo o que precisa de ser feito e porquê?
4. Sei como vou fazer e quando? Sei quantas acções preciso desenvolver para atingir o objectivo?

5. Sinto-me à vontade para comunicar as minhas necessidades e dificuldades com as pessoas certas? Estou mesmo determinado a ter sucesso nesta tarefa?
6. Percebo que sou parte de algo mais importante do que eu, e estou disponível para ajudar e ser ajudado, de forma a dar o meu contributo para o bem comum?

Melhorar ou fazer diferente?

A resposta às questões conduz a uma grande objectividade sobre os aspectos que precisam de ser melhorados, e os aspectos que precisam de ser mudados.

Quando desistir?

A estratégia define o objectivo a atingir.

Habitualmente, ao respondermos às seis questões concluímos que nem tudo está como gostaríamos.

Por exemplo, se ao analisarmos a questão "3" concluirmos que temos insuficiências na competência para a execução de uma determinada tarefa, crucial para o nosso sucesso, temos de aprofundar a questão: "Será que tenho condições para através do treino, da formação ou da continuidade prática, atingir o nível de desempenho necessário?".

Se responder sim, aprofunde um pouco mais: "Se sim, qual é o prazo máximo que aceito, dar a mim mesmo, para fazer essa melhoria e atingir o nível de desempenho pretendido? É razoável assumir que o vou conseguir nesse tempo?"

Se responder sim, então dedique-se verdadeiramente!

Se responder não a alguma destas questões, reveja a sua estratégia e defina outros objectivos a atingir.

Quando desistir? Nunca.

Não se trata de desistir. Trata-se apenas de adequar a sua estratégia às suas maiores capacidades com objectividade, e apenas depois de ter reflectido adequadamente.

À equipa colocam-se as mesmas questões. A equipa tem a necessidade de obter as mesmas respostas.

Se é responsável por uma organização, é responsável pela criação e manutenção de uma onda positiva no seio da sua organização.

A onda positiva implica a existência de uma estratégia, de uma estrutura e de uma execução, numa organização onde as pessoas comunicam e executam as suas tarefas com empenho e entreajuda.

A onda positiva contagia e surpreende quem toca a organização. A onda positiva encerra alegria, em si mesma, e não transporta juízos de valor.

Suporte estruturado da informação

No seio de uma organização, a informação relevante é o conhecimento intrínseco que lhe está subjacente.

Para que a organização funcione, os seus membros têm de conhecer os outros membros, têm de conhecer as práticas da empresa, as regras de convivência e funcionamento, e quais os locais de apoio para recurso em caso de necessidade. Para ter uma prestação válida, cada membro tem de conhecer os objectivos da organização, e ser capaz de comunicar dentro e fora da organização, de acordo com o definido pela Direcção e em harmonia com a cultura da empresa.

Como pode existir num funcionário um sentimento íntimo de bem-estar por pertencer à organização, se ele não souber a quem se dirigir em caso de necessidade de resolução de um problema, na prossecução dos seus objectivos?

Atente-se no diálogo entre o Miguel (Vendedor) e o seu superior hierárquico:

Sexta-feira, 09h30

Vendedor – Ó Chefe, a encomenda da ABC foi outra vez processada na "Produção" cheia de erros!

Director de Vendas – Miguel, quando é que a encomenda foi feita?

Vendedor – Na terça-feira, pelas 17h40. Temos o compromisso de entrega em 48 horas. Hoje é sexta-feira e eu não tenho a encomenda pronta por causa dos erros da "Produção".

Director de Vendas – E o que é que você já fez para minimizar a situação? Já ligou para a ABC a explicar que a encomenda não está pronta porque eles fizeram a encomenda no final do dia na terça-feira? Tem de lhes dizer que façam a encomenda mais cedo!

Vendedor – A nossa empresa iça a bandeira da entrega em 48 horas e não cumpre! E o senhor pretende que eu ligue para o cliente a responsabilizá-los pelo nosso atraso?!?...

Director de Vendas – Ò Miguel, em que mundo é que você vive? O mundo perfeito não existe e erros acontecem. É sua missão fazer-lhes ver que eles também têm responsabilidade no sucedido.

Figura 2 - Diálogo

Muitas vezes, as empresas surpreendem pela negativa. Proporcionam experiências inesperadas, cujo resultado final é um sentimento geral de mal-estar.

Proporcionam estas experiências aos seus funcionários, aos seus clientes, aos seus fornecedores e, com o tempo, também aos seus accionistas.

Para garantir que a Equipa tenha condições para funcionar, o líder da empresa tem de garantir que existe um Suporte Estruturado da Informação, para permitir que todos os colaboradores comuniquem eficaz, e eficientemente, no seio da organização. A eficácia implica que a comunicação seja utilizada com sucesso na prossecução de um objectivo. A eficiência implica que a comunicação se estabeleça com o menor esforço possível.

Em termos genéricos, podemos agrupar as partes constituintes da actividade da empresa em quatro grandes grupos: Produção, Distribuição, Cobrança e Pós-Venda.

Cada um destes quatro grandes grupos tem a sua própria constituição interna. Por exemplo, a "Produção" pode ser subdividida em "Compras", "Armazém", "Fábrica" e "Expedição".

Além destas, existe um conjunto de áreas de intervenção inerentes a qualquer empresa, as quais são transversais a toda a actividade da organização. Por exemplo: Auditoria, Recursos Humanos, Serviços Jurídicos, Contabilidade/Fiscalidade, Logística, Informática, Controlo de Qualidade, Marketing e Finanças.

Podemos definir outras áreas diferenciadas no seio da organização, mas a necessidade de interacção entre os diferentes departamentos será sempre uma constante, à qual o líder da empresa tem de atender.

Habitualmente, os problemas são como as bolas de neve. Quanto mais os deixamos rolar... maiores se tornam!

Se um funcionário tem um problema que não consegue resolver sozinho, e tem dificuldade em encontrar o seu correcto interlocutor no seio da organização, a tendência será para que esse problema venha a ter maiores consequências futuras.

A eficácia e a eficiência da organização ficam comprometidas na ausência de um mecanismo de suporte facilitador da comunicação no seio da empresa, e consequentemente, facilitador do desempenho individual dos seus colaboradores.

Este suporte pode ser organizado, a partir da simples observação das actividades desenvolvidas pelos colaboradores na empresa, produtos comercializados e departamentos constituintes. A partir daqui, identifica-se a informação básica necessária, para que a execução de cada tarefa seja conforme preconizado pela administração da empresa.

Embora este mecanismo seja considerado imprescindível para o bom funcionamento da empresa, a verdade é que raramente existe.

As empresas possuem organigramas, manuais de comercialização, manuais de procedimentos, ofícios difundidos, pontualmente, para os funcionários, e instruções enviadas via e-mail. A administração considera, sempre, que a informação chegou ao seu destino e responsabiliza os funcionários por tal. As empresas também elaboram sessões de formação internas, que são úteis para aproximar estruturas e esclarecer aspectos múltiplos, mas são muitas vezes insuficientes quando, no futuro, o funcionário necessitar daqueles conhecimentos e não os tiver bem presentes.

Esta dispersão de meios, apesar de útil na divulgação de alterações, é perversa no momento de utilizar a informação, principalmente porque existem diversos locais de consulta e não existe um único suporte que reúna toda a informação necessária, de forma esclarecedora e prática.

Se olharmos para a maioria das empresas, a verdade é que concluímos que os seus funcionários não dispõem de um SEI (Suporte Estruturado da Informação), ou seja, não dispõem de um apoio claro e específico facilitador da comunicação e operacionalidade, no seio da empresa.

Hoje em dia, recorremos menos à nossa memória, e utilizamos, cada vez mais, ferramentas de apoio.

É exactamente isso que fazemos quando, com uma facilidade estonteante, introduzimos uma pesquisa no Google e procuramos a resposta que precisamos, nas opções que nos apresenta.

A construção do SEI (Suporte Estruturado da Informação) é simples, e baseada no conjunto de tarefas desenvolvidas pelos colaboradores.

Obtém-se a compilação de toda a informação fazendo o preenchimento de uma matriz tridimensional, com tantas linhas, colunas e profundidades, quantas as necessárias.

Por exemplo, podemos ter a seguinte organização:

	Produção	Distribuição	Cobranças	Pós-Venda
Linha de produtos 1				
Linha de produtos 2				
Linha de produtos 3				
:				
:				
Linha de produtos N				

TRANSVERSAL	
Auditoria	
Recursos Humanos	
Serviços Jurídicos	
Contabilidade	
Logística	
Informática	
Qualidade	
Marketing	
Finanças	

Figura 3 - Matriz bidimensional

Para cada célula, vamos definir a profundidade da informação necessária,

	Produção	Distribuição	Cobranças	Pós-Venda
Linha de produtos 1				
Linha de produtos 2				
Linha de produtos 3				
:				
:				
Linha de produtos N				

. Departamento
. Função
. Responsável
. Colaboradores/Função/Contacto
. Caracteristicas técnicas
. Argumentário de vendas
. Procedimentos de comercialização
. Procedimentos de cobrança
. Procedimentos pós-venda
. Procedimentos de compra de matérias primas
. Procedimentos de produção
. Documentação de apoio
. Normas aplicadas
. Competências delegadas
. Legislação aplicável

TRANSVERSAL				
Auditoria				
Recursos Humanos				
Serviços Jurídicos				
Contabilidade				
Logistica				
Informática				
Qualidade				
Marketing				
Finanças				

Figura 4 - Matriz tridimensional 1

quer para cada produto ou linha de produto comercializado, quer para os departamentos transversais a toda a empresa.

	Produção	Distribuição	Cobranças	Pós-Venda
Linha de produtos 1				
Linha de produtos 2				
Linha de produtos 3				
:				
:				
Linha de produtos N				

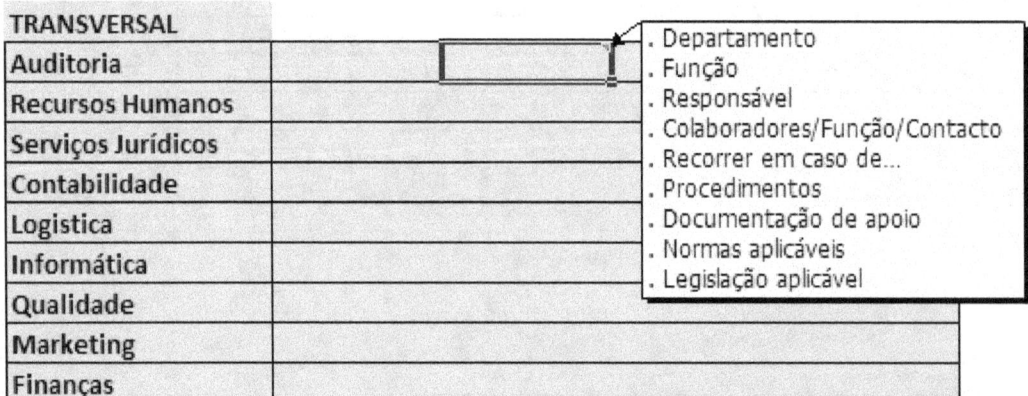

. Departamento
. Função
. Responsável
. Colaboradores/Função/Contacto
. Recorrer em caso de...
. Procedimentos
. Documentação de apoio
. Normas aplicáveis
. Legislação aplicável

TRANSVERSAL				
Auditoria				
Recursos Humanos				
Serviços Jurídicos				
Contabilidade				
Logistica				
Informática				
Qualidade				
Marketing				
Finanças				

Figura 5 - Matriz tridimensional 2

A separação da informação, inerente aos produtos comercializados, é particularmente útil face à elevada descontinuidade que os produtos vão sofrendo ao longo do tempo. O que se vende hoje pouco tem a ver com os produtos vendidos há cinco anos atrás. Mas, muitos dos produtos vendidos há cinco anos, ainda hoje, exigem atenção por parte dos profissionais da marca.

Que formato deve ter este SEI – Suporte Estruturado da Informação?

Digital ou papel? Centralizado ou descentralizado?

A resposta deve ser dada por cada empresa em função da sua prática interna. Devem ser escolhidos tantos suportes quantos os necessários para garantir o acesso dos colaboradores à informação, em todas as circunstâncias de trabalho, fazendo com que funcione como um alicerce de comunicação efectiva no seio da empresa.

No capítulo seguinte, iremos aprofundar os aspectos essenciais relativos a este tema: construção, implementação, utilização e manutenção.

Simplificação Focalizada

A Simplificação Focalizada é um processo envolvente de integração das pessoas, e departamentos constituintes de uma organização, que permite a obtenção de ganhos de produtividade nas empresas.

Os ganhos de produtividade têm quatro origens:

- Redução de custos;
- Maior eficiência operacional;
- Maior capacidade de inovação;
- Maior nível de excelência, ou seja, maior capacidade de surpreender pela positiva.

Porque se envolvem e integram as pessoas numa organização?

ENVOLVER

Participativo => Envolvido

Herzberg e Maslow desenvolveram diversos estudos, conducentes à compreensão das motivações do ser humano.

Apesar de se tratar de estudos efectuados separadamente, ambos retiraram conclusões semelhantes.

O comportamento do ser humano é ditado pela busca da satisfação das suas necessidades individuais. Estas necessidades variam de pessoa para pessoa, quer em função da sua própria conjuntura (ambiente familiar, suporte financeiro, extracto social, etc), quer em função da sua natureza individual (áreas de interesse pessoal, talentos, ambições, etc).

De um modo geral, conclui-se que nem todos valorizamos, com o mesmo grau de importância, determinados factores de motivação, embora esses factores de motivação possam ser encarados, por cada um de nós, como sendo positivos.

Entendo que o comportamento do ser humano é ditado pelo seu Quadro de Objectivos, e que este Quadro de Objectivos é composto por uma Tela de Motivações que é, posteriormente, enquadrada numa Moldura Cultural.

Esta abordagem permite-nos observar os diferentes comportamentos das pessoas com quem interagimos, sem fazer juízos de valor, primando por uma perspectiva de tentar primeiro compreender, para depois poder ajudar ou solicitar ajuda, com o maior grau de eficácia que nos é possível conseguir.

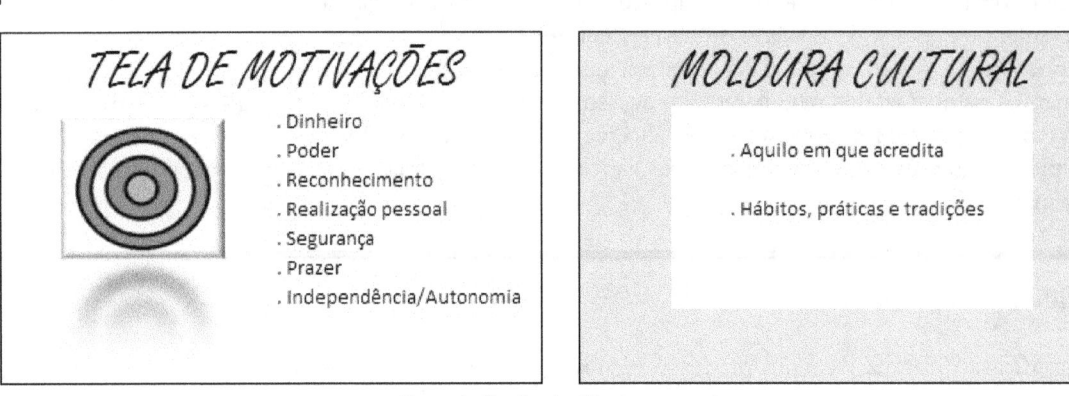

Figura 6 - Quadro de objectivos pessoais

Em resumo, compreender as crenças das pessoas com quem interagimos e perceber os porquês dos seus hábitos, práticas e tradições, é um passo fundamental para poder potenciar as suas motivações individuais, em benefício do colectivo.

Para criarmos um processo envolvente de integração das pessoas, e departamentos que constituem a organização, precisamos de partir do Individual para o Colectivo, compreendendo as motivações individuais das pessoas que compõem a organização, de modo a que o contributo individual se torne um desejo de cada um.

O Colectivo é o resultado da ligação que se estabelece entre os indivíduos que constituem a organização.

Para falar de ligação temos de falar de proximidade.

Quando falamos de proximidade falamos, inevitavelmente, de uma menor distância entre as pessoas. A menor distância conduz a uma maior capacidade de entendimento, e tem implícita uma ligação física, racional e emocional.

A ligação física estabelece-se pela existência de uma menor distância entre as partes (maior facilidade de comunicação e/ou contacto), e pela existência de "amarras" (por exemplo, um contrato de exclusividade).

A ligação racional fica sempre consolidada pela presença de interesses mútuos na relação.

A ligação emocional implica que entre as partes exista uma maior empatia, e que esta seja acompanhada de maior compreensão para os actos individuais, assim como de um maior compromisso perante os objectivos comuns.

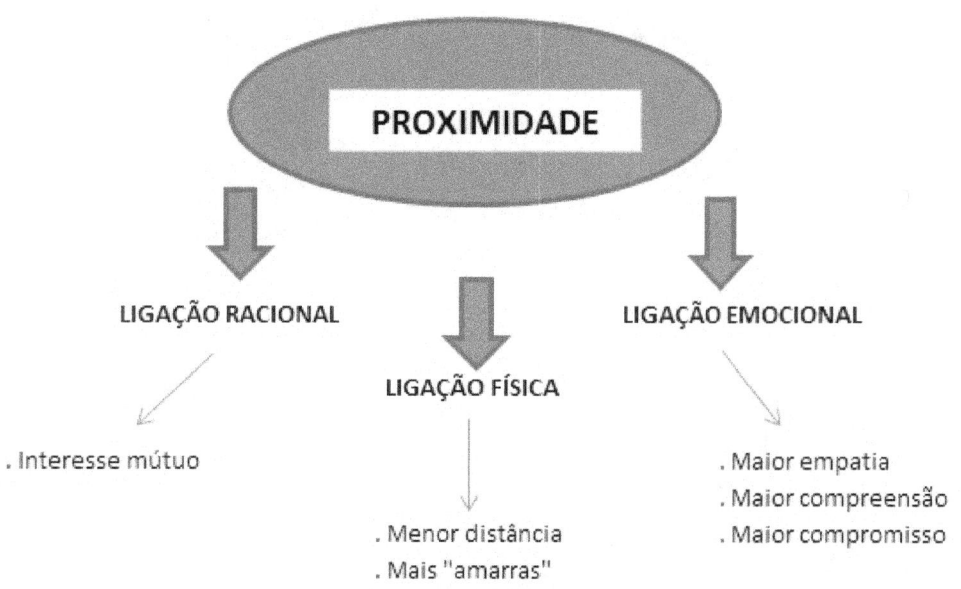

Figura 7 – Proximidade

Criar proximidade, e tirar proveito dela, é algo que é possibilitado pelo processo de Simplificação Focalizada. Importa, agora, perceber a diferença entre um processo de Simplificação e um processo de Optimização. Pesquisas efectuadas permitem encontrar as seguintes definições:

- **Simplificação**: Remoção dos entraves burocráticos de processos, procedimentos, rotinas ou actividades que geram fluxos desconexos na tramitação de documentos, que não agregam valor ao serviço prestado.
- **Optimização**: Tornar um processo mais rápido.
- **Simplificar:** Tornar simples ou mais simples. Tornar menos complicado. Reduzir a termos menores.
- **Optimizar**: Dar a uma máquina, empresa, acção, etc, o rendimento óptimo, criando as condições mais favoráveis, ou tirando o melhor partido possível.

Os pressupostos de base dos processos de simplificação são diferentes dos pressupostos de base dos processos de optimização.

Quando nos predispomos a simplificar, partimos do princípio que podemos reduzir a complexidade do que fazemos.

Quando nos predispomos a optimizar, partimos do princípio que podemos aumentar a produção com o que fazemos.

Quando os faraós construíam as pirâmides, uma forma de optimizar a produção era chicotear os trabalhadores para que estes transportassem pedras mais pesadas, mais depressa e em maior número.

Na mesma época, uma forma de simplificar a produção era através da invenção de transportadoras com rodas, que permitissem empurrar ou puxar pedras de maiores dimensões, e em maiores quantidades.

Habitualmente, os processos de simplificação encerram uma energia criativa superior aos processos de optimização.

É a canalização da criatividade individual dos colaboradores da empresa para o bem comum, que permite à organização atingir desempenhos de excelência, surpreendendo, pela positiva, aqueles com quem se relaciona: clientes, funcionários, fornecedores, accionistas, etc.

Para que esta criatividade possa ter um efectivo aproveitamento, por parte do líder da empresa, é preciso que se manifeste de forma direccionada, incidindo sobre todos os aspectos relevantes para a organização.

No próximo capítulo, iremos ver como se constrói e implementa, e como o desenvolvimento deste processo de Simplificação Focalizada vai permitir unir Racional e Emocional, satisfazendo muitas das motivações individuais dentro da organização, com uma extensão ampla, numa Onda Positiva que a todos atinge.

2.0 DESENVOLVIMENTO

Equipa

Alguns autores preconizam que o grupo de trabalho só constitui uma Equipa quando os seus elementos renunciam aos seus objectivos individuais, em detrimento dos objectivos do grupo.

Esta abordagem peca por defeito. Estará correcta como um sintoma de força do grupo, mas é insuficiente para garantir a consistência dos desempenhos da equipa, ao longo do tempo.

A Equipa consolida-se, não pelo facto dos seus elementos renunciarem aos seus objectivos individuais, mas sim pelo rearranjo da prioridade que cada elemento dá aos seus objectivos individuais.

A Equipa fortalece-se quando os elementos do grupo assumem, como principal factor de satisfação, o facto de serem uma parte constituinte e importante de algo superior a si próprios. Consequentemente, as suas acções passam a ser orientadas por um desejo de prossecução dos objectivos do grupo, que também são um dos seus principais objectivos individuais.

Nenhum ser humano pode renunciar à sua identidade.

ESPECTACULAR
Aquilo que o ser humano consegue fazer quando resolve unir esforços!

A Equipa é um diamante de união e brilho, quando a satisfação das necessidades colectivas e individuais é conseguida em simultâneo.

As componentes racional e emocional são indissociáveis, e determinam a capacidade de desempenho da organização.

Debruçar-nos-emos, agora, sobre estes temas fundamentais, num convite à reflexão e ao aprofundar dos conhecimentos, que permitem que um grupo de trabalho possa ser transformado numa Equipa.

2.1 ESTRATÉGIA

Estratégia

A estratégia é uma das palavras mais utilizadas no quotidiano, e, talvez, um dos conceitos mais difíceis de reunir consenso relativamente ao seu significado.

Na sua forma mais simples, responde às questões "Porquê?", "O quê?" ou "Porque fazer o quê?".

É o primeiro elemento da construção da componente racional de uma equipa, porque é aqui que se define o propósito da equipa, a sua razão de ser, a sua razão de agir e o seu plano de acção.

A estratégia determina o futuro da Equipa, ao determinar a razão da sua constituição. Seguidamente, define os objectivos a atingir e determina os meios para o conseguir.

Uma Equipa sem estratégia será um grupo de trabalho que não sabe como utilizar os recursos ao seu dispor, para atingir os objectivos pretendidos.

Mas, o conceito de Estratégia é mais profundo do que o que acima se refere.

No livro "A arte da guerra", Sun Tzu defendeu que a estratégia militar deve respeitar quatro princípios fundamentais: definição do local da batalha, organização dos recursos disponíveis, implementação das acções de ataque e gestão das contingências.

Sun Tzu afirmava que "todos os homens podem ver as tácticas pelas quais eu conquisto, mas o que ninguém consegue ver é a estratégia a partir da qual grandes vitórias são obtidas".

Táctica e estratégia são muitas vezes confundidas como um sinónimo, mas a realidade é que a táctica diz simplesmente respeito ao movimento dos recursos (ou disposição das forças no terreno), e é apenas uma parte integrante da estratégia.

Sun Tzu determinou, desde logo, que o pensamento estratégico antecede a táctica.

Existem múltiplas definições de estratégia:

"Estratégia é o padrão de objectivos, fins ou metas e principais políticas e planos para atingir esses objectivos, estabelecidos de forma a definir qual o negócio em que a empresa está, e o tipo de empresa que é ou vai ser." Learned, Christensen, Guth

"Estratégia é um conjunto de regras e tomada de decisão em condições de desconhecimento parcial. As decisões estratégicas dizem respeito à relação entre a empresa e o seu ecossistema" Ansoff

"A estratégia corporativa é o padrão de decisões numa empresa que determina e revela seus objectivos, propósitos ou metas, produz as principais políticas e planos para alcançar essas metas, define o leque de negócios que a empresa persegue, o tipo de organização económica e humana que é ou pretende ser, e a natureza da contribuição económica e não-económica que pretende fazer para seus accionistas, empregados, clientes e comunidades." Kenneth Andrews

"Estratégia é um plano unificado, englobante e integrado relacionando as vantagens estratégicas com os desafios do meio envolvente. É elaborado para assegurar que os objectivos básicos da empresa são atingidos." Jauch e Glueck

"Estratégia competitiva são acções ofensivas ou defensivas para criar uma posição defensável numa indústria, para enfrentar com sucesso as forças competitivas e, assim, obter um retorno maior sobre o investimento." Michael Porter

"Estratégia designa o conjunto de critérios de decisão escolhido pelo núcleo estratégico, para orientar, de forma determinante e durável, as actividades e a configuração da empresa." Martinet

O conceito de Estratégia torna-se ainda mais complexo uma vez que a sua utilização tem diversos enquadramentos. Temos estratégia empresarial, estratégia de mercado, estratégia de marketing, estratégia de recursos humanos, estratégia de vendas, estratégia de poder, estratégia ambiental e muitas outras.

O facto é que a Estratégia deve anteceder qualquer decisão racional da empresa, assim como a decisão antecede a acção.

Considero que o líder de uma organização deve ter presente a sua própria definição de Estratégia. Porque considero que a simplificação nos traz objectividade, para reflexão do leitor, deixo a minha própria definição de estratégia:

"Estratégia é o conjunto de ideias e objectivos que culmina na definição de um plano de acção."

Perante esta reflexão, como podemos concluir se uma organização possui Estratégia?

Considero que uma organização possui de facto uma **Estratégia** quando todos os seus elementos são capazes de responder, de pronto, às seguintes questões:
- **Quem somos?**
- **O que queremos obter?**
- **Qual é a conjuntura?**
- **Qual é o nosso plano?**

A resposta a estas questões, por si só, não significa que existe uma estratégia implementada na empresa, mas o facto de **todos** os elementos responderem **em uníssono** às questões, pode ser absolutamente revelador.

A resposta às questões, por todos os elementos que compõem a organização, permite antever que todos respondem afirmativamente à questão: "Sabe porque faz isto?".

E, provavelmente, estarão a ser desenvolvidas as acções necessárias para se atingirem os objectivos definidos, de acordo com o planeado.

Tanto a análise como a formulação das estratégias têm muito a ver com a conjuntura em que se pretende que resultem. Existem diversas escolas de pensamento estratégico, cuja origem e enquadramento variam em função da sua realidade, e também relativamente à época e ao objecto da formulação das estratégias.

Cada organização tem uma realidade interna específica, que dita a forma como analisa os seus dados e formula a sua Estratégia.

Na formulação da estratégia existem princípios fundamentais que devem estar presentes:

1- Rentabilização dos recursos disponíveis
2- Criação e aproveitamento de oportunidades
3- Fortalecimento da capacidade de sobrevivência

É crucial que a liderança da empresa tenha consciência que não é possível ter uma Equipa sem ter uma Estratégia.

Para a Equipa, a Estratégia é o primeiro elemento racional que vem criar alinhamento nas motivações e articulação nas acções.

Quem somos?

Visão, Missão, Valores
Competências, Recursos materiais
Pontos fortes, Pontos fracos

Quem somos?

Visão, Missão, Valores

Hoje em dia, a maioria das empresas apresenta-se ao mundo anunciando a sua "Visão", a sua "Missão" e os seus "Valores".

Normalmente, entende-se por "Visão" a forma como a empresa comunica que gostaria de se posicionar no futuro. A "Visão" é o que a empresa entende que é o seu destino!

Entende-se a "Missão" como a razão pela qual a empresa existe. Porquê e para quê existe a organização. O que vai fazer.

Anunciam-se os "Valores" como um conjunto de princípios, crenças e orientações que guiam a organização, e são praticados permanentemente. Os valores praticados são determinantes no sucesso da implementação da estratégia. Os valores anunciados não têm grande significado. Os valores percebidos pelos funcionários, pelos clientes, pelos fornecedores e pelos próprios accionistas é que determinam a forma como cada um actua perante a organização. E são estes que devem estar presentes quando a Liderança da empresa responde à questão.

E as questões fundamentais aqui são: "Que valores nos são atribuídos?", "Que valores pretendemos que nos sejam atribuídos?". Questões de resposta determinante para que se crie o alinhamento emocional, no seio da organização. Determinam a cultura da empresa.

Recursos disponíveis

O primeiro, e mais importante, recurso a considerar são as competências. O que sabe a empresa fazer?

A construção da estratégia tem de ter em conta as competências existentes, as competências latentes e o potencial de competências.

As competências existentes devem ser exploradas pela Liderança da empresa, na sua plenitude.

As competências latentes devem ser consideradas e acarinhadas, para que possam florir.

Atender ao potencial de competências, implica olhar para as competências que a organização não possui, mas que pode obter no seu exterior, seja recrutando pessoas, contratando serviços, ou celebrando alianças e/ou parcerias.

Por último, é preciso atender aos recursos materiais, porque estes definem a fronteira limite para as acções a desenvolver pela organização.

Pontos fortes, Pontos fracos

A identificação de pontos fortes e pontos fracos de uma organização, constitui um tema extremamente abrangente, complexo e importante.

O tema é abrangente porque os pontos de força, ou fraqueza, detectam-se em função da perspectiva que se adopta. Na perspectiva dos clientes, uma empresa low cost pode trazer a vantagem do produto a baixo preço, e a desvantagem da percepção de uma menor qualidade. Na perspectiva financeira, à mesma empresa pode ser apontado um ponto fraco por um eventual menor volume de receitas (vendas a baixo preço) e um ponto forte pela venda de produtos de baixo custo de produção (menor qualidade).

A percepção da força relativa de um ponto depende directamente da percepção da força relativa do elemento de comparação. É aqui que se adiciona um elemento de complexidade: o adversário.

Independentemente da perspectiva, a Liderança da organização tem de se distanciar das diferentes perspectivas, identificar o posicionamento interno da organização face aos objectivos que se idealizam (pontos fortes e pontos fracos das competências e recursos materiais disponíveis), e o seu posicionamento face ao adversário e face ao cliente alvo (oportunidades e ameaças proporcionadas pelo exterior).

Uma correcta e global identificação dos pontos fortes e fracos da empresa é, muitas vezes, uma tarefa hercúlea, mas é uma linha do pensamento estratégico que tem de estar presente na organização, sob pena de se perder capacidade de antecipação sobre o(s) adversário(s), e se limitar a nossa própria capacidade de superação perante o cliente.

O que queremos obter?

Objectivos a atingir

Quando

Em que quantidade

O que queremos obter?

Objectivos a atingir

Habitualmente, existe uma multiplicidade de objectivos que as empresas visam atingir, pelas acções que vão desenvolvendo.

Os objectivos macro, ou objectivos centrais alvos, das acções desenvolvidas pela empresa, podem ser de diversa ordem.

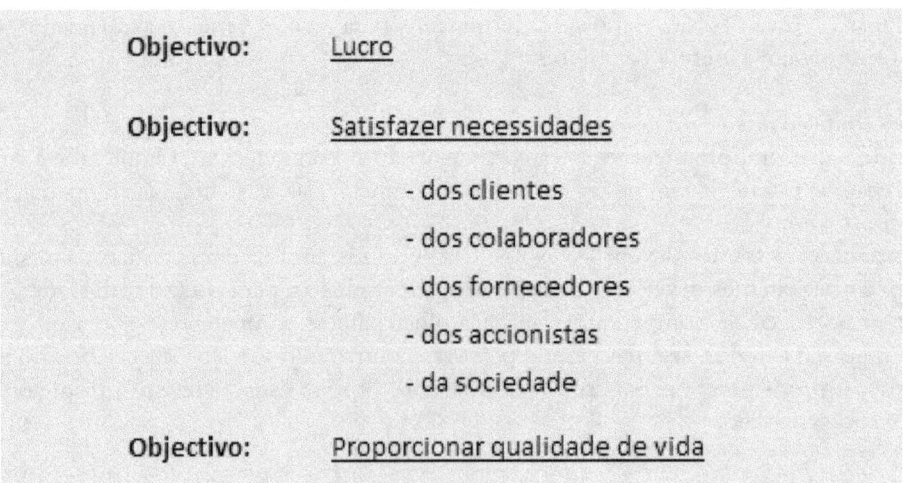

Figura 8 - Objectivos macro

Saber o que queremos obter, é mais um passo no sentido de se formular a estratégia. Identificámos quem somos. Definimos, agora, o que queremos obter e avaliamos se a ambição se coaduna com as capacidades que a organização possui, quer ao nível das competências, quer no que se refere aos recursos materiais disponíveis.

Quanto mais se caminhar no sentido descendente da escada de objectivos, maior será a capacidade da Liderança para agrupar todos os elementos, em torno dos grandes objectivos estratégicos da organização.

Saber o que queremos obter, talvez seja a tarefa mais difícil do líder da empresa.

Apesar de parecer que sabemos o que queremos, isso não é verdade na grande maioria das vezes em que pensamos no assunto.

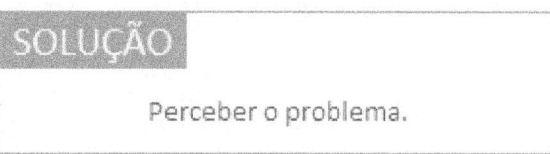

Figura 9 - Objectivos emocionais

O líder de uma organização é, frequentemente, confrontado com a necessidade de procurar conjugar interesses de diversas perspectivas (perspectiva dos accionistas, perspectivas dos clientes, perspectivas dos funcionários e/ou perspectiva financeira, perspectiva comercial, perspectiva técnica, perspectiva legal), e há tendência para que o próprio líder da empresa atribua uma preferência pessoal a determinadas perspectivas, em detrimento de outras.

Por último, para agravar a dificuldade, pretender satisfazer todas as perspectivas em simultâneo, é algo que estará tão próximo da ilusão… como do sucesso!

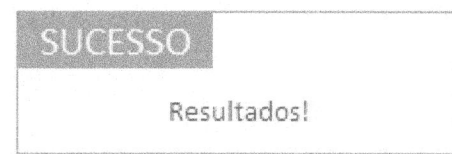

Simplificar torna-se útil, quando precisamos de alinhar o pensamento estratégico.

Partindo da resposta que foi dada à questão "Quem somos?", cientes da nossa visão, dos nossos valores, da nossa missão, dos recursos disponíveis e dos nossos pontos fortes e pontos fracos, torna-se mais fácil identificar um conjunto central de objectivos a atingir, os quais devemos considerar exequíveis, num determinado espaço de tempo.

De seguida, identificamos as dificuldades que se levantam perante a prossecução desses objectivos centrais, e procuramos perceber a causa da existência desses obstáculos.

Perceber o problema, é um passo imprescindível para se encontrar a solução.

Um elemento de complexidade adicional tem a ver com a superação individual e colectiva. Se definirmos uma meta próxima, é provável que esta seja superada. Se definirmos uma meta percebida à partida como inalcançável, ela torna-se ainda mais difícil de atingir.

Para nos superarmos, temos de ter a ambição de ir mais longe. Temos de ter a ambição de subir até ao céu, independentemente de onde ele se localiza!

Temos de estar dispostos a dar o nosso melhor para lá chegar.

Isso implica trabalhar arduamente e com competência. Implica fazê-lo respeitando os nossos equilíbrios, e os equilíbrios que nos rodeiam.

Ao responder à questão "O que queremos obter: objectivos a atingir, quando e em que quantidade?", o líder da organização vai direccionar as acções de todos para a prossecução desses objectivos, num determinado espaço de tempo.

Os resultados obtidos são cruciais, como uma medida do sucesso da organização.

O sucesso colectivo só será pleno, se cada elemento da organização o perceber como parte integrante do seu sucesso individual.

Os resultados são o alimento da Onda Positiva.

"O talento ajuda, mas não nos leva tão longe quanto a ambição." Paul Arden

Quando? Em que quantidade?

A definição de metas calendarizadas é crucial para direccionar o esforço dos colaboradores, para controlar a evolução das actividades ao longo do tempo, e para ter um prático alicerce motivacional.

Dizer que somos capazes de saltar mais alto, é insuficiente para saber se conseguimos saltar o muro.

Depois de ultrapassado o primeiro muro, é desafiante saltar um muro um pouco mais alto.

Desde que aceites, os desafios são sempre uma fonte de motivação para toda a organização. A dificuldade real consiste em fazer com que cada indivíduo entenda o desafio colectivo, como sendo seu individualmente.

Concluindo com sucesso esta etapa, o passo seguinte consiste na promoção da entreajuda entre os elementos da organização, na prossecução dos objectivos.

"Quando e quanto?" terão uma resposta à altura por parte da organização, apenas se forem definidos à partida.

Qual é a conjuntura?
Liderança e focalização
Organização e método
Gestão de contingências

Qual é a conjuntura?

Liderança e focalização

É preciso entender a realidade sobre a qual a empresa evolui diariamente.

O primeiro olhar do líder da empresa tem de cair sobre si próprio, e sobre a sua equipa directiva.

A gestão implica quatro funções fundamentais: planear, organizar, dirigir e motivar.

Atendendo às funções da gestão, a liderança da empresa é eficaz?

Existe uma acção imediata positiva, por parte dos colaboradores, como reacção aos estímulos fornecidos pela liderança da empresa?

Qual é o clima organizacional?

Qual é a cultura da empresa?

A capacidade da organização para implementar uma determinada estratégia, está condicionada pela capacidade de actuação dos líderes da empresa, junto dos colaboradores.

O líder de uma empresa, com um organigrama mais vertical, possui uma maior dificuldade em fazer chegar a sua mensagem a todos os colaboradores. Numa empresa, com um organigrama leve e horizontal, o líder fará chegar a sua mensagem com mais facilidade. O número de hierarquias no seio da empresa, condiciona a capacidade de actuação do líder, e**Não foi encontrada nenhuma entrada do índice de ilustrações.** aumenta a sua dificuldade para perceber o foco da organização na prossecução dos objectivos estratégicos.

A forma como o líder influencia toda a organização é algo que tem de ser considerado, quando se procede à formulação da estratégia.

A articulação dos elementos da organização, entre si, é relevante nos níveis racional e emocional.

Numa frase, Frances Frei e Ann Morriss ("Uncommon Service" - How To Win by Putting Customers at The Core of Your Business") destacam a importância da cultura da organização.

"A cultura não te diz só o que fazer, mostra-te como pensar." Frances Frei, Ann Morriss

A acção do líder da empresa tem de ser capaz de definir e dar continuidade à cultura da empresa e, em função da sua avaliação, perceber qual ou quais as estratégias que melhores respostas poderão dar, quanto ao caminho a escolher para o futuro.

Em caso de necessidade, com que facilidade a liderança da empresa comunica uma mudança de estratégia?

Com que facilidade essa mudança de estratégia será implementada?

Independentemente do clima organizacional, do tipo de organigrama existente ou da cultura da empresa, é importante responder a estas duas questões, porque é esta resposta que permite direccionar as opções estratégicas, de acordo com a realidade e o potencial da organização.

Organização e método

Se questionarmos um responsável de um grupo de trabalho, se considera que a sua organização possui organização e método, provavelmente responder-nos-á que está seguro que sim.

Na mesma organização, se questionarmos, do mesmo modo, um elemento da base da hierarquia, provavelmente responder-nos-á que considera que existem deficiências.

O responsável deve questionar se a actividade da empresa é alicerçada em processos bem definidos, metódicos e suficientemente abrangentes, para conseguir responder às solicitações que lhe possam ser apresentadas.

O funcionário, que se encontra na base da hierarquia, deve questionar se as deficiências que identifica na organização da empresa são atribuíveis unicamente à liderança, ou há algo que ele possa fazer para minimizar a situação?

Responsabilidade pelo seu desempenho individual é algo que todos devem sentir. Todos influenciam o desempenho da organização.

Mas, a função de planear e definir as linhas estratégicas da empresa diz respeito à liderança.

Perceber se a empresa carece de uma actuação profunda, ao nível da organização interna, é uma responsabilidade do líder.

O líder deve verificar se:

- Os objectivos propostos são atingidos no tempo definido?
- Existem reclamações ou sugestões de melhoria? A que níveis se situam?
- Existem erros de execução? A que níveis se situam?
- Os procedimentos definidos apresentam uma sequência lógica, bem definida e adequada para as respectivas tarefas?
- Detectam-se indesejáveis (como períodos de tempos mortos, excesso de produção, excesso de armazenamento, incumprimento de prazos de entrega, excesso de desperdícios, etc)?
- Existem manifestações internas de desagrado por dificuldades de comunicação?
- Temos capacidade para surpreender diariamente?
- Sente-se uma sensação geral de bem-estar?

Após esta reflexão, o líder pode concluir sobre a necessidade estratégica de intervenção, ao nível da organização interna e eventual redefinição de funções, processos e práticas.

Gestão de contingências

A Estratégia da organização tem de contemplar a capacidade para enfrentar, com sucesso, um conjunto de eventuais circunstâncias adversas, ao mesmo tempo que também garante a capacidade para tirar o máximo proveito das circunstâncias favoráveis que possam surgir.

Entramos num importante campo de subjectividade, onde a habilidade do líder para identificar os factores críticos de sucesso é absolutamente crucial.

Relativamente aos factores críticos de sucesso, o líder analisa possibilidades, posicionamentos e relacionamentos que podem existir, surgir ou sofrer alterações ao longo do tempo, e que condicionam o sucesso da empresa, no horizonte temporal alvo da Estratégia.

Consoante a natureza do negócio e/ou actividade da organização, os factores críticos de sucesso têm condicionantes internas (fundos disponíveis, meios materiais, meios humanos, conhecimentos técnicos, etc), e externas (alianças com concorrência, alianças entre concorrentes, poder negocial junto dos fornecedores, enquadramentos legais, situação económica global, mercados disponíveis, etc).

Esta análise prévia permite influenciar a tomada de decisão, no que respeita a actos que aumentem ou limitem a capacidade de adaptação da empresa.

Simultaneamente, com uma comunicação adequada no seu interior, os membros da organização sentem que fazem parte de uma estrutura que se prepara para enfrentar as ameaças, e aproveitar as oportunidades que possam surgir do exterior. O seu próprio desempenho individual é uma parte importante na execução das acções necessárias, para ter sucesso face ao exterior.

Por exemplo, para uma empresa de média dimensão, em crescimento, pode ser crucial alugar instalações, ao invés de adquirir instalações próprias. O aluguer das instalações permite-lhe ter um custo relativamente baixo, de adequação das instalações à sua realidade futura. Se o crescimento continuar a ser a realidade, a empresa pode alugar outras instalações de maior dimensão, e manter os seus padrões de qualidade de serviço. Por outro lado, se registar algum declínio e verificar que possui instalações sobredimensionadas para a sua realidade, limita-se a alugar novas instalações de menor dimensão. Em qualquer caso, a organização assegura a flexibilidade necessária para controlar os custos inerentes às suas instalações físicas.

No campo desportivo, o responsável tem de ser capaz de preparar a Equipa para defrontar adversários com diferentes características, em diferentes ambientes e perante desenvolvimentos favoráveis ou adversos, em cada desafio. Penso que no campo empresarial as necessidades são semelhantes, e os colaboradores sentem-se valorizados individual e colectivamente, por fazer parte de uma estrutura forte, competente e devidamente competitiva.

Quando a Estratégia prevê a resposta à necessidade de Gestão de Contingências, a Equipa sai reforçada, quer pela confiança que deposita no líder, quer na autoconfiança nas suas próprias capacidades colectivas, quer pelo elevar do sentimento de pertença que cada elemento vai nutrir pela organização.

Qual é o nosso plano?
Metodologia de planeamento de projectos por objectivos
Balanced scorecard
Lean six sigma

Qual é o nosso plano?

O desenvolvimento do pensamento estratégico é um rio, que vai sempre desaguar na definição de um plano de acção.

Pensar em aspectos importantes para a organização, como a identificação de ameaças potenciais vindas do exterior, obriga a pensar em acções de contingência em função da evolução que essas ameaças possam registar. Pode não existir um plano muito elaborado, mas podemos escrever algo do tipo "se acontecer isto, tomaremos esta medida".

Qualquer problema identificado requer, pelo menos, uma acção para ser resolvido. Mesmo os assuntos que o tempo resolve requerem vigilância, para assegurar que o mesmo foi ultrapassado.

A definição da Estratégia só fica completa quando se estabelece um plano constituído pelos objectivos a atingir, pelas metas quantificadas, pelas acções a desenvolver e respectiva calendarização. O ideal é que também contemple a avaliação do cumprimento do plano (monitorização e acompanhamento), e quem na organização é responsável pelas acções que devem ser desenvolvidas.

Cada elemento da organização deve ser capaz de responder à questão "Qual é o nosso plano?".

Se o funcionário entender porque desempenha uma determinada tarefa, terá a percepção da sua importância para a organização, e será também capaz de adequar o seu comportamento em função das necessidades colectivas. A sua energia individual será canalizada para benefício do colectivo, de uma forma orientada e estruturada.

O plano é, pois, o elemento final na formulação da Estratégia.

É o elemento que antecede a sua implementação.

Existem vários métodos, para se proceder ao desenho dos planos estratégicos.

Metodologia de planeamento de projectos por objectivos

A MPPO (Metodologia de planeamento de projectos por objectivos) é uma técnica de elaboração detalhada de um ou mais planos de acção, visando a prossecução de objectivos perfeitamente definidos.

A abordagem tradicional parte do princípio que há necessidade de intervenção, a um determinado nível.

Neste contexto, a técnica é desenvolvida com base num modelo simples, constituído por quatro etapas sequenciais, actuando no nível pretendido, conforme a seguir se indica.

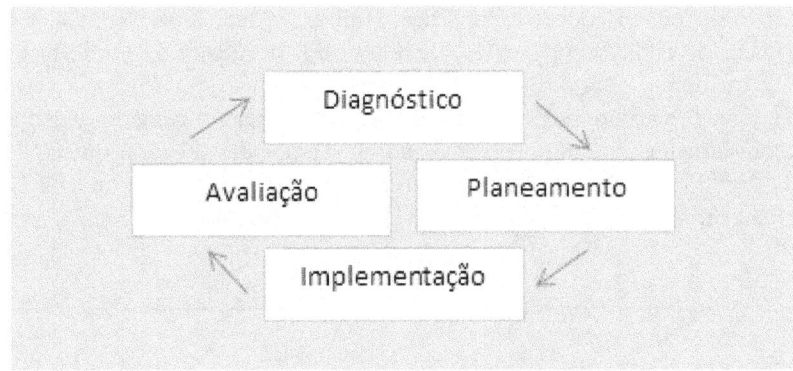

Figura 10 - MPPO, etapas sequenciais

A MPPO produz seis outputs, que constituem importantes ferramentas de trabalho:
- Árvore de problemas;
- Árvore de objectivos;
- Quadro de medidas;
- Quadro de actividades por medida;
- Matriz de planeamento do projecto;
- Diagrama de Gantt

Na fase de Diagnóstico vão ser construídas as árvores de problemas e objectivos. Nesta metodologia, procura-se identificar os problemas raiz, que estão na origem do problema central.

Esta identificação dos problemas é conseguida através de diversas ferramentas: o questionário, a entrevista e a observação.

Temos de ter sempre presente alguns aspectos fundamentais, para manter a objectividade relativamente à interpretação dos dados obtidos:
- Os dados obtidos podem estar enviesados pelas circunstâncias, no momento da sua recolha;
- As três ferramentas têm um potencial diferente entre si: a entrevista permite aprofundar a realidade; o questionário facilita o tratamento estatístico, e a observação permite a recolha de informação vasta e variada.

A análise dos registos de sugestões e reclamações também pode fornecer informação adicional importante.

Uma primeira dificuldade que surge, inevitavelmente, na fase de diagnóstico é o facto de, muitas vezes, os problemas serem apresentados pelos colaboradores com base na medida que entendem que deveria ser implementada.

Por exemplo: é comum os vendedores referirem "O problema é que o nosso produto está muito caro!" quando o problema central, neste caso, seriam as vendas abaixo do pretendido.

Porque é que se está a vender pouco?

Seria uma questão que se tornaria necessário aprofundar.

Poderíamos estar a vender pouco porque o poder de compra dos clientes diminuiu, porque o mercado já está inundado de produtos idênticos, porque a concorrência vende mais barato com qualidade semelhante, porque o produto não responde às necessidades dos clientes, etc.

Baixar o preço de venda do produto pode ser, ou não, uma medida a implementar, mas o preço de venda em si mesmo, e por si só, não constitui um problema para as vendas. O problema nas vendas é sempre se obtemos uma receita abaixo do esperado.

A noção da construção da árvore de problemas assenta em três passos:
1- Encontrar o problema central;
2- Identificar outros problemas que contribuem directa, ou indirectamente, para o problema central;
3- Identificar os problemas raiz que não têm qualquer outro problema na sua origem, e que contribuem para o problema central, ou para os outros problemas intermédios que também contribuem para o problema central.

A formulação do problema deve ser sintética, concreta e ter carga negativa. Concreta, porque não pode incluir suspeitas, juízos de valor ou suposições. Deve ter carga negativa no sentido de identificar, claramente, uma situação passível de melhoria.

A construção lógica da árvore de problemas obriga a que exista o cuidado de garantir que um problema não central contribui, unicamente, para um problema central. Temos de assegurar que o "Problema central 1" resulta dos "Problema 1.1" e "Problema 1.2" e uma vez resolvidos os "Problemas raiz 1.1.1, 1.1.2, 1.1.3 e 1.2.1, 1.2.2, 1.2.3", o "Problema central 1" também ficará resolvido.

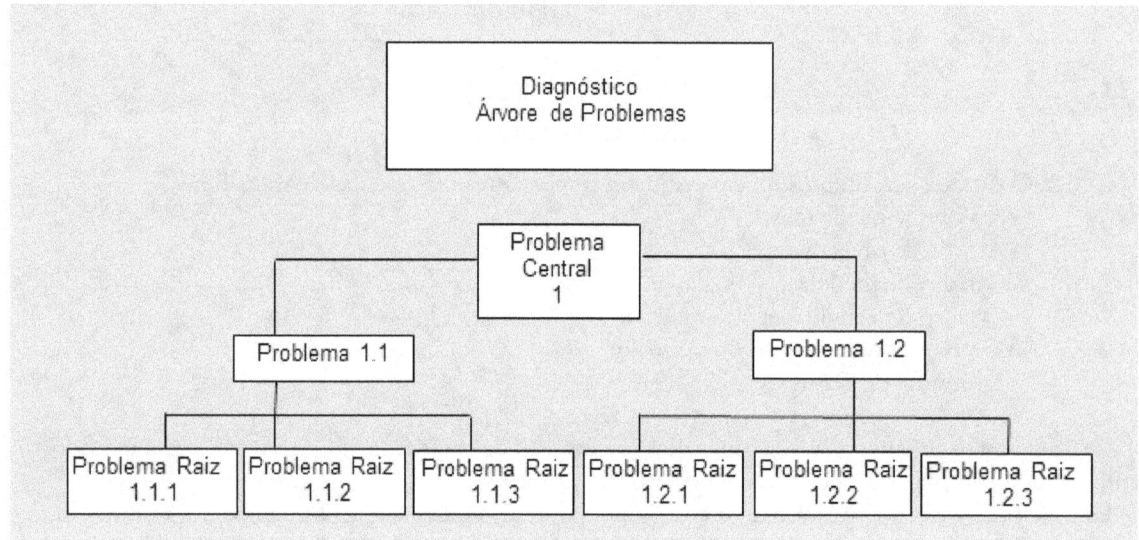

Figura 11 - MPPO, árvore de problemas

A construção da árvore de problemas é extremamente útil, porque a concentração nos problemas raiz torna-nos mais objectivos e eficientes, na resolução dos problemas detectados, evitando o desperdício de recursos a tentar resolver os problemas intermédios.

A identificação dos problemas centrais também aumenta a objectividade do gestor, permitindo que se concentre naquilo que é importante para a organização, e evitando qualquer factor de distracção que possa surgir.

Construída a árvore de problemas, e identificados os problemas raiz, começamos a pensar na forma de resolver esses problemas.

Começamos por construir a árvore de objectivos (página seguinte), com a especificação das situações desejadas.

Os objectivos centrais são antecedidos por objectivos intermédios, e objectivos iniciais que traduzem resultados que têm de ser verificados, de modo a que o objectivo central seja atingido.

Os objectivos iniciais (objectivos 3, 4, 5, 6, 7 e 8) vão fornecer orientação, para que se encontrem as medidas que resolverão os problemas raiz, e permitirão atingir o objectivo central.

Neste exemplo, os objectivos 1 e 2 são objectivos intermédios, que resultam das medidas aplicadas na prossecução dos objectivos iniciais 3, 4, 5, 6, 7 e 8. Os resultados relativamente à prossecução dos objectivos 1 e 2 devem ser medidos, para assegurarmos a robustez da solução que se está a implementar.

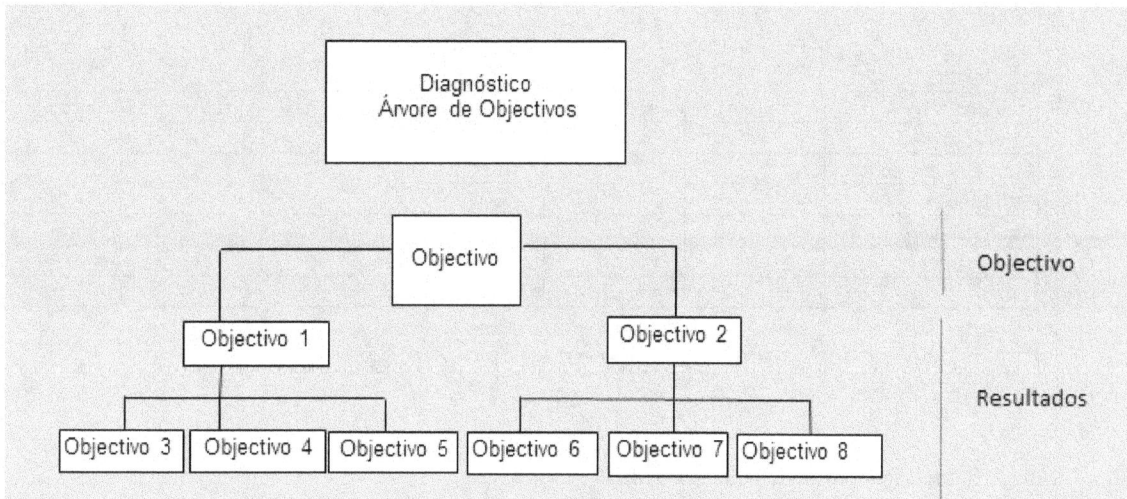

Figura 12 - MPPO, árvore de objectivos

A árvore de objectivos corresponde à apresentação do esquema lógico de resolução dos problemas, funcionando como um guião para a identificação das medidas a implementar, para se atingirem os objectivos iniciais, resolvendo os problemas raiz e, consequentemente, resolvendo o problema central.

Alicerçada na árvore de objectivos, a etapa de planeamento começa agora.

Começamos por elaborar o Quadro de Medidas.

O Quadro de Medidas vai indicar, para cada objectivo inicial, quais as medidas que devem ser implementadas, no sentido de conduzir à resolução do problema raiz.

As medidas a implementar devem ser encontradas em grupo, partindo de um agregado de ideias, dissecando-as através da análise, efectuando uma pré-selecção e chegando, por fim, a uma solução que a organização entende como sendo a que reúne os maiores níveis de eficácia e eficiência na resolução do(s) problema(s).

Existem três tipos de medidas:
- Medidas técnicas, de fundamentação técnico-científica;
- Medidas de organização, de caracter processual e visando a melhoria do funcionamento;
- Medidas de desempenho, centradas nos recursos humanos, visando o desenvolvimento de competências, e a melhoria dos índices de concentração e capacidade de decisão.

Quando existem interesses múltiplos no seio da organização, poderão surgir dificuldades na obtenção de consensos, relativamente às medidas a implementar, e/ou no que se refere às acções a desenvolver para implementar cada medida.

A diferença de perspectivas que cada elemento da organização traz ao debate, vem enriquecer o leque de possibilidades de solução.

O líder da organização tem de ser capaz de focalizar o grupo de trabalho, no objectivo comum de melhoria da situação actual. A partir daqui, é necessário que todos procedam, no sentido de desvalorizar os interesses divergentes, a favor dos interesses comuns, permitindo que o grupo atinja níveis superiores de criatividade e compromisso para com as medidas a definir.

As medidas são a solução encontrada pela organização.

Quadro de Medidas

Medidas	Problema 1	Problema 2	Problema 3	Problema 4	Problema 5	Problema 6
Colocação de...	***					
Estabelecimento de...		**	**			
Estudo sobre...		**			*	
Aquisição de...				***		
Formação de...						**
...						**

*, **, *** Representam na matriz a importância da medida para a resolução do problema

Figura 13 - MPPO, quadro de medidas

Tomada a decisão, temos de passar à acção:
- Como vão ser executadas as medidas?
- Quem vai fazer o quê?
- Quando vai ser feito?
- Quanto custa?

A elaboração dos quadros de actividades por medida, permitem responder a estas questões.

Podem e devem ser enriquecidos, com informação relativa aos resultados esperados com cada acção e com cada medida, e quais os constrangimentos que podem surgir no decurso da sua implementação.

Em primeiro lugar, o plano deve ser percebido como um guião de orientação. Passo a passo, todos os participantes nas acções vão levando a cabo as medidas necessárias, para que o projecto ganhe forma sob a supervisão dos responsáveis.

Seguidamente, deve ser compreendida a sua função de monitorização. Todos sabem a que ritmo as acções devem ser desenvolvidas, e que resultados intermédios devem ser obtidos para que se cumpra o plano.

Por último, temos de atender à componente motivacional. Aqui, surgem efeitos positivos no grupo de trabalho sempre que o plano vai sendo cumprido, e corremos o risco de desmotivação, se os prazos e/ou os resultados pretendidos não forem atingidos, de acordo com o plano.

No entanto, neste particular, a existência do plano é sempre preferível à inexistência de qualquer guia de orientação. Se não existir plano, os objectivos individuais dos membros da organização tornam-se a sua primeira razão de agir. Cada colaborador actuará, quase exclusivamente, em função das suas motivações individuais, uma vez que não identifica os objectivos colectivos.

Existindo um plano, mesmo não estando a ser cumprido no decurso da sua calendarização, vai continuar a funcionar como elemento agregador. Todos os colaboradores podem dar o seu contributo para que se recupere o tempo perdido, e/ou se adapte o plano à nova realidade, contribuindo para a união e o sentimento de pertença à organização.

Quadro de Actividades Por Medida

Medidas	Responsável	Intervenientes	Duração	Custos	Cronograma
Medida 1	xyz	...		1500	Set - Nov
Acção 1	jyk	...	2 h		Set
Acção 2	qwe	...	2 h		Out
Medida 2	xyz	...		2000	Set - Dez
Acção 1	abc	...	3 h		Nov
...	...	...			

Figura 14 - MPPO, quadro de actividades por medida

Nesta fase, a organização identificou as acções a desenvolver para implementar cada medida, e definiu como, quem, quando e com que custo se vão realizar.

Para finalizar a etapa do planeamento, é necessário ser capaz de avaliar a eficácia de cada medida, e adquirir a noção do impacto final, que poderá ser possível atingir com a concretização do projecto.

Para este fim, são definidos indicadores para os objectivos a atingir. Estes indicadores devem ser quantificados (mensuráveis), e datados (atingíveis).

A Matriz de Planeamento do Projecto deve registar as informações gerais, que permitem estruturar a monitorização do plano. Para que fique completa, é necessário que se identifiquem os pressupostos indispensáveis ao cumprimento dos objectivos. Deste modo, ficamos aptos a identificar, rapidamente, os eventuais constrangimentos que podem surgir durante a etapa de implementação.

Matriz de Planeamento do Projecto

Hierarquia de Objectivos	Identificadores objectivamente identificáveis	Meios e fontes de verificação	Pressupostos
1 - Finalidade	...	...	...
2 - Objectivo	...	...	...
3 - Resultados	...	...	...
4 - Medidas ou Actividades	Orçamentação Custo das medidas	...	...

Figura 15 - MPPO, matriz de planeamento do projecto

Elabora-se o diagrama de Gantt, para garantir a normal e correcta calendarização das actividades.

Diagrama de Gantt

Medidas	Set	Out	Nov	Dez
Medida 1				
Acção 1				
Acção 2				
Medida 2				
Acção 1				
...	...	...	...	...

Figura 16 - MPPO, diagrama de Gantt

Terminada a etapa de planeamento, a organização está preparada para passar à etapa de implementação.

Na realidade, não existe uma descontinuidade entre a etapa de avaliação e a etapa de implementação. A monitorização da implementação do projecto vai permitir que se elaborem avaliações intercalares e, tal como já foi acima referido, se possa intervir ao nível do próprio projecto, adaptando-o em função das contingências que possam ter surgido, caso estas contingências tenham vindo alterar os pressupostos, em que os objectivos e as medidas se suportavam.

A MPPO (Metodologia de planeamento de projectos por objectivos) pode não ser seguida, activa e conscientemente, no seio das organizações, mas evidencia conceitos chave, no desenho do plano, que têm de ser considerados na fase de definição do primeiro elemento Racional de construção de uma Equipa: a definição da Estratégia.

Genericamente, qualquer plano estratégico regista cinco fases fundamentais:
- Análise (enquadramento, caracterização e diagnóstico);
- Princípios e orientações;
- Objectivos;
- Programação;
- Avaliação (monitorização e acompanhamento).

A MPPO permite-nos ter a noção de como estamos a atender cada uma destas fases, e ajuda-nos a comunicar a Estratégia no seio da organização, quer na sua elaboração, quer na sua implementação, obtendo-se o compromisso dos membros da organização com a prossecução dos objectivos colectivos.

Os seis outputs, que constituem as ferramentas de trabalho da MPPO, ajudam a consolidar as acções de todos, e a capacitar a organização para a necessidade de tomada de medidas de contingência, sempre que os pressupostos esperados não se verificarem.

Quanto maior o envolvimento e a participação dos membros da organização na definição do plano, maior a sua adequabilidade, e também maior o seu entusiasmo individual para com os objectivos colectivos que são definidos. Consequentemente, maior a probabilidade de sucesso do plano estratégico.

Balanced scorecard

O BSC (Balanced scorecard) é uma metodologia de gestão estratégica, que evoluiu a partir de uma técnica de medição e gestão de desempenho.

O BSC está focado na execução.

Na busca pela resposta à questão "Qual é o nosso plano?" o BSC (Balanced scorecard) diferencia-se da MPPO (Metodologia de planeamento de projectos por objectivos), ao concentrar-se essencialmente na resposta a "Quanto?" e "Quando?", deixando por responder a questão "Como?". Na MPPO, como vimos, a organização identifica, com um grau elevado de profundidade, as acções a implementar e, ainda na fase de planeamento, tem uma percepção elevada relativamente à possibilidade de cumprimento do plano. No BSC, a ênfase é colocada na canalização das energias da organização, para atingir as metas definidas, funcionando como uma ferramenta de motivação e monitorização.

O BSC, como iremos ver, tem o mérito de fornecer um output simples, que pode contribuir para elevar a dinâmica de execução da estratégia da organização.

O modelo básico do BSC parte dos conceitos de Visão, Missão e Valores da organização ("Quem somos?"), e evolui para a definição das linhas estratégicas assentes em quatro perspectivas fundamentais: perspectiva dos accionistas, perspectiva dos clientes, perspectiva dos processos e perspectiva aprendizagem/crescimento.

A definição dos princípios estratégicos, a partir de diferentes perspectivas, é útil no seio da organização, porque permite encontrar diferentes soluções para o mesmo problema. Estas soluções são, muitas vezes, complementares entre si. Permite também estabelecer prioridades na implementação da Estratégia, mantendo uma compreensão alargada no seio da empresa, relativamente à sequencialidade das acções desenvolvidas. Esta compreensão resulta, muitas vezes, num elevar do alinhamento entre pessoas e estruturas, com maiores índices de entreajuda e compromisso para com os objectivos colectivos a atingir.

A perspectiva dos accionistas é, essencialmente, uma perspectiva financeira: redução de custos e aumento de receitas.

A perspectiva dos clientes confina-se quase, exclusivamente, à identificação do mercado alvo, e satisfação das suas necessidades.

A perspectiva dos processos está directamente ligada à estrutura, ferramentas e organização internas que condicionam os níveis de execução da empresa.

Competências, performance, cultura e clima organizacional são aspectos ligados à perspectiva aprendizagem, inovação e crescimento.

Da interacção entre as quatro perspectivas resulta a definição das estratégias e respectivos objectivos, consolidando num mapa resumo aquilo que a empresa se propõe atingir, num determinado espaço de tempo.

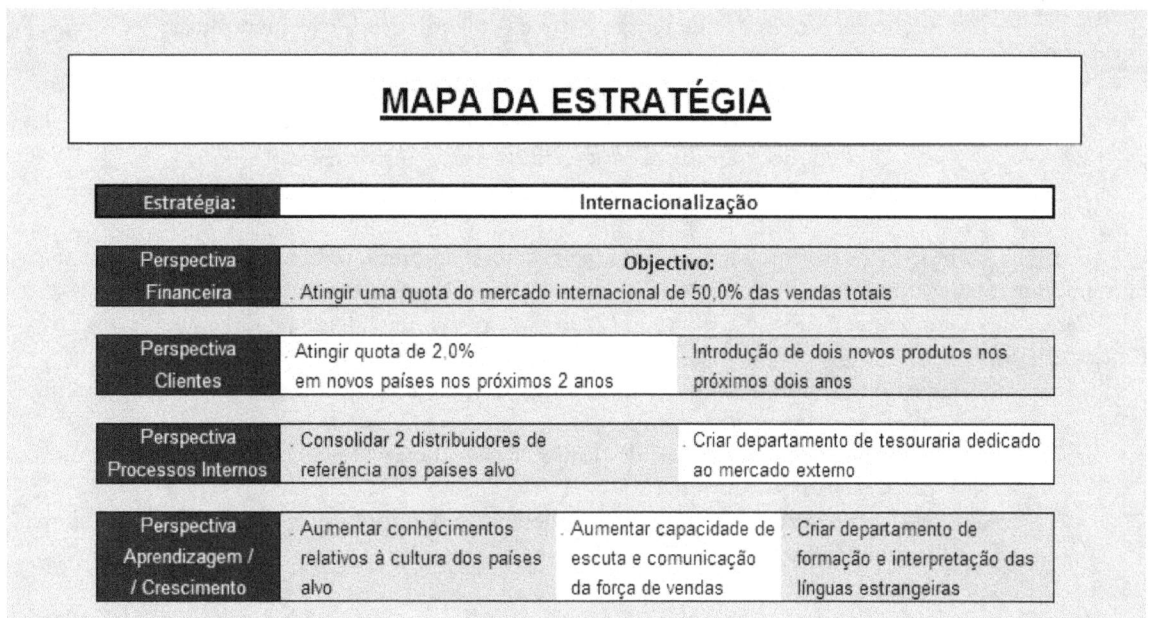

Figura 17 - BSC, mapa da estratégia

Os objectivos definem apenas as intenções da organização.

Para que estas intenções passem à prática, é necessário que se traduzam em acções efectivas.

O conceito do BSC implica a definição de indicadores de medição da performance, e a quantificação das metas a atingir.

Estes indicadores, quando bem construídos, indicam o que deve ser feito para se atingir os objectivos estratégicos, e funcionam como medida de aferição dos níveis de performance da organização, e de cada colaborador individualmente.

São denominados KPI's (Key Performance Indicators – Indicadores Chave de Desempenho).

Existem indicadores de diversos tipos e categorias: número de efectuados (output), relação produção/custos (eficiência), produção por unidade de tempo (produtividade), número de reclamações (satisfação do cliente), número de não conformidades (qualidade), grau de cumprimento dos objectivos (eficácia), número de expressões de satisfação (excelência), etc.

O indicador não descreve os processos utilizados.

O indicador difere do objectivo, porque permite efectuar a medição do resultado de uma acção. A meta difere do indicador, porque permite quantificar o valor que se pretende alcançar, com a acção ou conjunto de acções a desenvolver.

A meta de um KPI deve ser MARC, ou seja, M-mensurável, A-atingível, R-relevante e C-controlável.

KPI:

- Mensurável, um bom indicador que permita aferir o grau de desempenho da organização, ou do colaborador tem que ser passível de ser medido e divulgado em tempo útil;
- Atingível, porque se for percepcionado como inatingível, ou se for de facto inatingível, funciona, desde já, como factor de desmotivação, e não se apresenta como uma ferramenta útil de auxílio à performance organizacional;
- Relevante, porque o atingir da meta definida contribui para o objectivo estratégico da organização;
- Controlável, porque se não for controlável pela organização, e/ou pelos colaboradores, introduz um caracter de aleatoriedade que pode ser perversa para a organização, ou criando uma falsa

sensação de sucesso, quando o bom resultado não é responsabilidade do colaborador, ou criando um factor de desmotivação, quando o mau resultado também não é responsabilidade do colaborador.

A avaliação com base em KPI's acarreta um conjunto de dificuldades.
Frequentemente temos:
1- Indiferença dos colaboradores face à imposição de metas a atingir;
2- Ocorrência de focos de tensão entre os colaboradores e as hierarquias;
   a. Desmotivação;
   b. Baixa performance como efeito de retaliação;
   c. Manipulação dos indicadores (trabalhar para a estatística);
   d. Medição utilizada para penalizar a baixa performance;
3- Ocorrência de competição entre departamentos (ao invés de se obter colaboração).

Existem ganhos claros de objectividade estratégica para a empresa, pela adopção desta metodologia. Quando bem implementada, aumenta muito o foco de toda a organização na prossecução dos objectivos estratégicos.
Para que a implementação seja eficaz, é crucial o papel da liderança da empresa em três momentos fundamentais:
1- No envolvimento dos colaboradores na definição de objectivos estratégicos alicerçados nas diferentes perspectivas;
2- Na adequada definição de indicadores, metas e iniciativas (acções) que conduzam à prossecução dos objectivos;
3- Na comunicação da estratégia, salientando a importância dos KPI's para alinhar e motivar toda a organização, no cumprimento da estratégia.

Muitas empresas associam o pagamento de prémios de produtividade aos níveis de cumprimento dos colaboradores, nos múltiplos KPI's definidos.
Procuram, por este meio, criar um forte alinhamento entre toda a organização, fazendo da prossecução dos objectivos estratégicos um trabalho e uma recompensa de todos.

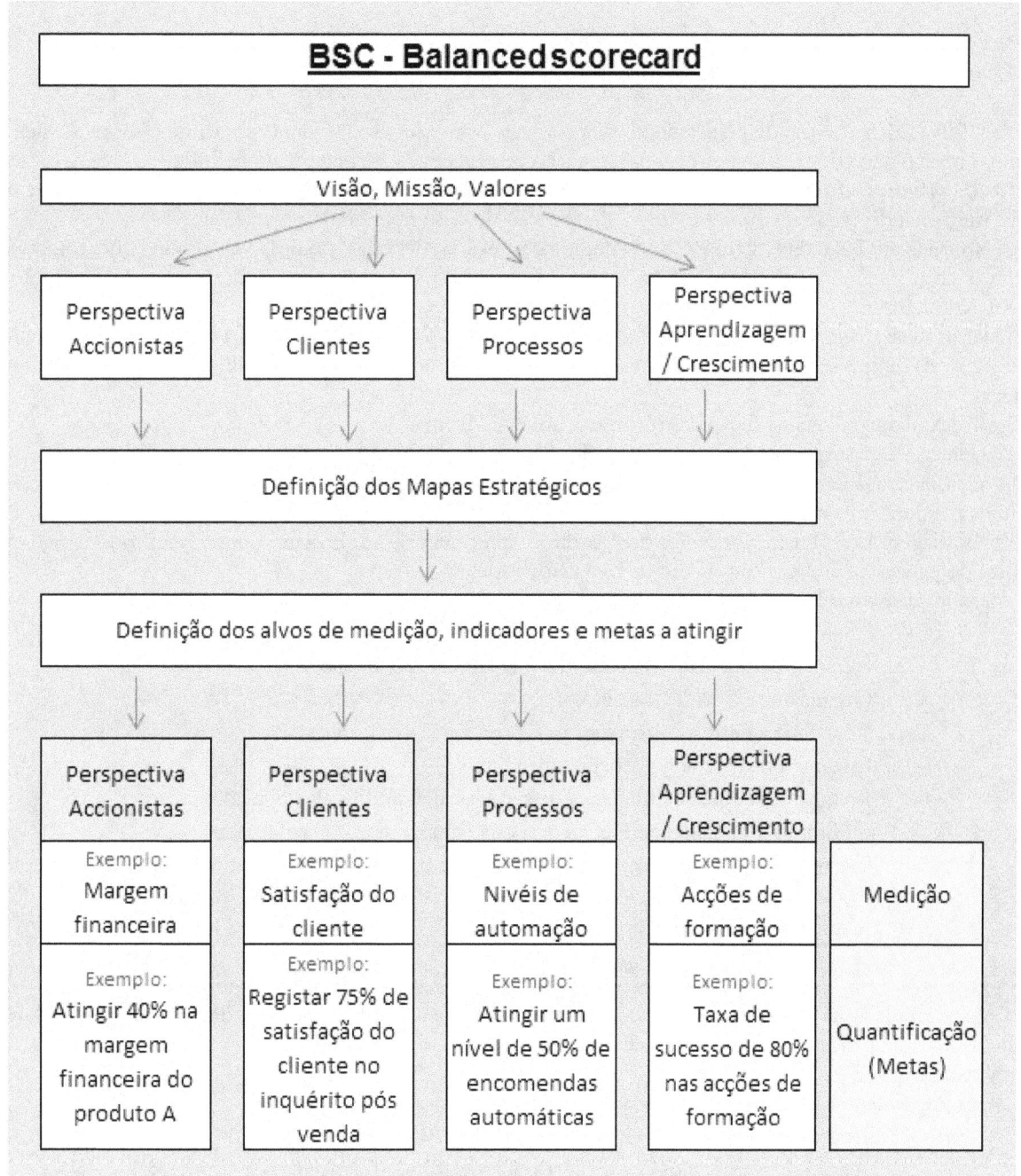

Figura 18 - BSC, esquema básico

O BSC constitui uma ferramenta útil para o acompanhamento e monitorização da performance da organização. Contribui para que as acções de correcção, tomadas pela empresa, surjam alicerçadas em factos, em detrimento de decisões com base em boatos, percepções e/ou suposições.

A MPPO define as acções que a organização vai desenvolver para responder aos problemas identificados. O cumprimento do plano passa a ser o elemento motivacional de toda a organização.

No BSC, a definição de metas a atingir, conduz a que o desempenho dos colaboradores esteja focado no ultrapassar dessas metas. O BSC permite que a organização se supere a si própria.

Na resposta à questão "Qual é o nosso plano?", a utilização do BSC pode ser muito útil, quer utilizado separadamente, quer utilizado em conjunto com a metodologia da MPPO.

Por si só, o BSC é muito focado nos resultados, e pouco preciso no que diz respeito à operacionalidade necessária para se construírem os resultados.

Lean Six Sigma

A MPPO (Metodologia de planeamento de projectos por objectivos) é uma técnica de elaboração detalhada de um ou mais planos de acção, visando a prossecução de objectivos perfeitamente definidos.

O BSC (Balanced scorecard) pode ser visto como a quantificação estruturada dos objectivos estratégicos a atingir, funcionando como instrumento de monitorização do desempenho da organização.

A abordagem Lean Six Sigma é um conjunto agregado de boas práticas de gestão, que foram sendo adoptadas com sucesso pelas mais diversas empresas, dos mais variados sectores de actividade, em momentos diferentes do tempo.

Falar em estratégia Lean Six Sigma, é associar os objectivos destas boas práticas de gestão aos objectivos estratégicos da empresa, adoptando práticas e filosofias de actuação que, no limite, alteram a cultura da organização.

Lean Six Sigma resulta da fusão das técnicas Lean e Six Sigma.

A técnica Lean surgiu na Toyota, em meados do século XX (anos 50-60). Visa maximizar o valor para o cliente, racionalizando a utilização dos recursos (capital, recursos humanos, materiais, equipamentos e energia). Procura a maximização do valor através da redução dos desperdícios.

A abordagem Lean busca a ausência de "gorduras" na organização. Procura optimizar o todo, e não apenas as partes do processo de produção. Foco: fluxo e velocidade!

A sua implementação obedece às seguintes regras:

- Analisar a cadeia de valor na sua totalidade;
- Eliminar de imediato as etapas que não acrescentam valor;
- Organizar as áreas de trabalho;
- Criar fluxos entre as operações e os processos;
- Integrar a qualidade no processo produtivo;
- Reduzir os tempos de mudança de série, aumentando a flexibilidade;
- Optimizar a fiabilidade e a eficiência dos equipamentos e instalações;
- Sincronizar a produção com a procura, com baixos níveis de stocks e com um curto período de tempo, entre o início e a execução de um processo (curto lead time);
- Melhorar continuamente.

A abordagem Six Sigma surgiu no final do século XX (anos 80), na empresa Motorola.

Coloca a enfâse na utilização de ferramentas estatísticas, para auxílio na tomada de decisão e redução na variabilidade dos processos. Busca a melhoria sistemática dos processos, ao eliminar os defeitos. Foco: Variabilidade e qualidade!

A sua implementação assenta sobretudo nas seguintes regras:

- Selecção de projectos em harmonia com a estratégia organizacional;
- Ligação dos benefícios dos projectos aos relatórios financeiros da empresa;
- Ligação dos projectos ao sistema de reconhecimento, e recompensas dos colaboradores;
- Envolvimento do líder e gestão de topo da empresa, em três momentos chave:
- Compromisso financeiro com os projectos;
- Selecção activa dos projectos em harmonia com a estratégia empresarial;
- Definição dos processos de acompanhamento e monitorização dos projectos;
- Selecção de colaboradores que serão treinados para liderar a implementação dos projectos;
- Identificação e controle dos factores "x" responsáveis pela variação do resultado no processo "y" (metodologia DMAIC).

DMAIC corresponde a:

> D – Definir, definir o processo "y";
> M – Medir, identificar a métrica utilizada, sistema de mediação e recolha de dados;
> A – Analisar, identificar os factores de variação e avaliar a adequabilidade do processo;
> I – Implementar melhorias, estudar interacções entre os factores principais e optimizar os processos;
> C - Controlar, estabelecer planos de controlo.

A abordagem Six Sigma deve o nome à associação que se faz à medida estatística, denominada desvio padrão. O desvio padrão é um indicador da variação, que podemos esperar encontrar em torno da média, a partir de uma amostra aleatória. O símbolo utilizado para o desvio padrão é a letra grega sigma, Ω.

A denominação Six Sigma resulta na eliminação do nível de incerteza, assegurando que o número de peças produzidas está de acordo com a média em mais de 99,99%.

Elimina-se a variabilidade nos resultados obtidos.

Imagine um cliente que por três vezes adquire "x" peças do produto "A" à empresa "E1", tendo sido informado que, em média, poderia esperar 5,0% de peças defeituosas.

Na realidade, nas suas encomendas, verifica defeitos nas peças de 8,0%, 5,0% e 3,0%, respectivamente.

O mesmo cliente dirige-se à empresa "E2" e adquire "y" peças do produto "A". Esta segunda empresa informa que, em média, poderia esperar 3,0% de peças defeituosas.

Na realidade, verifica defeitos nas peças de 10,0%, 2,0% e 1,0%.

Será que este cliente confia mais na empresa "E1" do que na empresa "E2"?

A verdade é que a experiência que o cliente regista, é que pode esperar erros de qualquer uma das empresas.

A abordagem Six Sigma visa proporcionar ao cliente a experiência positiva de fazer as suas três encomendas e, por três vezes, não constatar qualquer defeito nas peças adquiridas.

Ω	% Defeitos Esperados	% Sucesso Esperado
0	100,00000%	0,00000%
1	69,00000%	31,00000%
2	30,80000%	69,20000%
3	6,68000%	93,32000%
4	0,62100%	99,37900%
5	0,02300%	99,97700%
6	0,00034%	99,99966%

Figura 19 - Lean Six Sigma, percentagem de defeitos

Consiste em melhorar e aperfeiçoar o processo produtivo, até que se obtenham 3,4 erros em cada milhão de peças produzidas.

Assim se consolida a credibilidade da empresa junto do cliente.

Assim se surpreende pela positiva, e se adquire a conotação de "Excelente".

A abordagem Lean Six Sigma é resultante da soma das duas anteriores (Lean + Six Sigma).

Surgiu no final do século XX na GE, General Electric, que em 1999 registou ganhos de 1,5 mil milhões de dólares.

Foco: Velocidade, qualidade, custo!

Dificilmente se consegue obter um dos objectivos, sem melhorar simultaneamente os outros.

Um processo que produz demasiados defeitos, não consegue manter o seu ritmo normal de produção. Consequentemente, a velocidade do processo depende da qualidade do processo.

Um processo com demasiadas tarefas que não acrescentam valor, é mais propício à ocorrência de erros. Consequentemente, a redução dos desperdícios de recursos (tempo, stocks, armazenamento e outros) contribui para a melhoria da velocidade do processo e, por inerência, para melhorar a qualidade.

Processos mais velozes, e com mais qualidade, resultam numa imediata redução dos custos!

A melhoria do lucro é obtida por via da melhoria da velocidade, e da qualidade com que se fazem as coisas.

A simples preocupação pela redução de custos, sem atender à velocidade dos processos e à qualidade dos seus outputs, pode comprometer a credibilidade da empresa junto do cliente, com resultados desastrosos para o futuro da organização.

Esquematicamente, a abordagem Lean Six Sigma difere um pouco da MPPO (Metodologia de planeamento de projectos por objectivos), e do BSC (Balanced scorecard). Os mapas estratégicos são delineados a partir dos conceitos de Missão, Visão, Valores e Posicionamento.

A noção de posicionamento da empresa pode ser determinante para a definição dos objectivos a atingir, e das acções a desenvolver. Apesar de ser frequente que não exista uma consciência profunda desta realidade, o posicionamento da empresa no mercado e o posicionamento da empresa face à concorrência (Benchmarking), condicionam a capacidade de actuação de toda a organização, e devem ser tidos em consideração quando se desenvolve o planeamento estratégico.

O posicionamento no mercado atira-nos para as importantes noções de segmentação.

Podemos ter diversas formas de segmentação a considerar. Duas delas são a segmentação passiva e a segmentação activa.

A segmentação passiva consiste na identificação de nichos de mercado, que agregam um conjunto de clientes com idêntico perfil de preferências (dentro destas podemos ter a segmentação operacional).

A segmentação activa consiste na actuação sobre os clientes do nicho de mercado, onde escolhemos estar posicionados, atribuindo tratamento diferenciado aos clientes, em função da resposta que estes dão aos estímulos por nós fornecidos.

Dentro do mesmo nicho de mercado, onde escolhemos actuar, podemos ter clientes com o mesmo perfil de preferências em termos genéricos, mas que evidenciam dimensão, rentabilidade e comportamentos de proximidade perfeitamente diferenciados entre si. Consequentemente, o pensamento estratégico tem de ser condicionado por esta realidade, que resulta da interacção entre a organização e os seus mercados. Estamos perante a consciência de que as acções da organização têm impacto sobre as reacções dos seus clientes. É uma evolução importante, na medida em que a organização entende que não se pode limitar a observar os clientes, e agir em função dessas conclusões, mas tem também de ponderar como podem os clientes responder aos estímulos fornecidos e, por esta via, potenciar ainda mais os efeitos positivos das decisões da empresa.

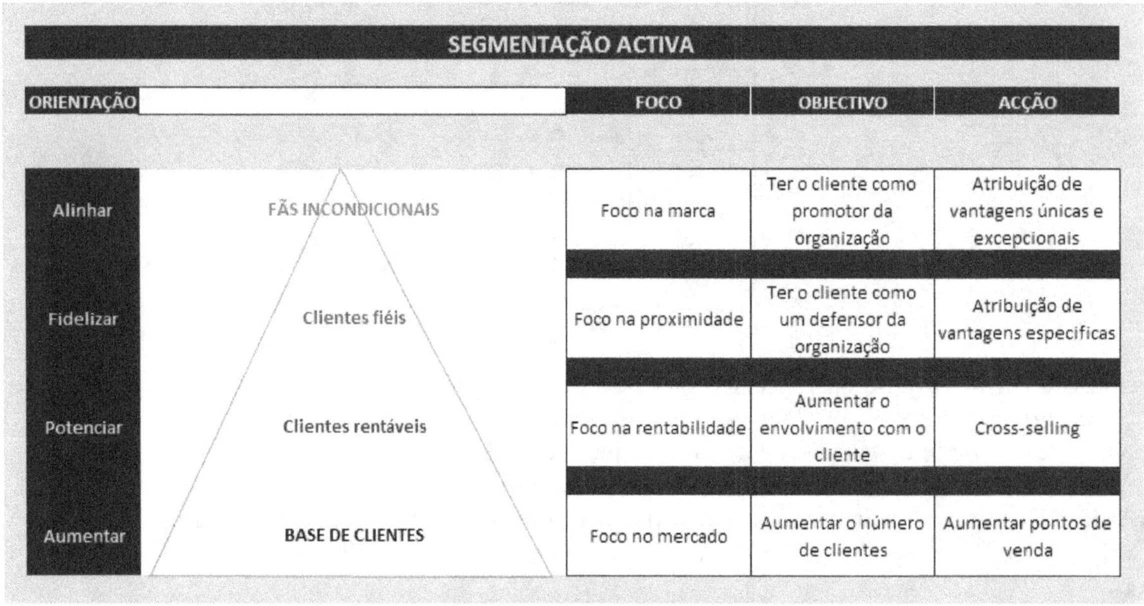

Figura 20 - Segmentação activa

A abordagem Lean Six Sigma introduz, ainda, dois conceitos adicionais importantes: a noção de quais são os seus factores críticos de sucesso, e a noção de cadeia de valor.

Através do processo de segmentação podemos identificar os factores críticos de sucesso, aos quais a empresa tem de atender, para poder assegurar a sua capacidade competitiva, ou seja, estar convicta da oferta de produtos necessária para satisfazer, com sucesso, as necessidades do seu mercado.

A noção de cadeia de valor é adquirida quando a organização identifica o conjunto de elementos e actividades necessárias, para que se estabeleça a negociação dos seus produtos ou serviços.

Uma rapariga que pretende ser coroada Miss Universo, terá como factores críticos de sucesso ser alta, bonita e parecer inteligente. A sua cadeia de valor passará por um conjunto de actividades diversas, que a conduzam à melhor resposta aos seus factores críticos de sucesso: cuidados com nutrição, exercício, descanso, educação, elevação dos níveis de cultura geral e coeficiente emocional, maquilhagem, vestuário, imagem e outros.

A análise da cadeia de valor assume grande importância na focalização da organização, no que é preciso fazer internamente para tornar a organização mais competitiva.

A organização pode adaptar o seu posicionamento estratégico, em função das circunstâncias com que se depara, a montante (custo das matérias primas, tipologia de fornecedores, competências dos colaboradores, equipamento e tecnologia disponíveis, etc) e a jusante (características dos diferentes nichos de mercado onde se posiciona e/ou acções desenvolvidas pela concorrência), procurando identificar a melhor prática interna, para definir um posicionamento estratégico de sucesso.

O primeiro passo da aplicação da técnica Lean, é a análise integral da cadeia de valor da empresa.

Considera que existe um conjunto de actividades que não agregam valor ao produto final, à luz dos factores críticos de sucesso definidos pelo mercado:
- Inspecções;
- Embalagens;
- Transportes;
- Actividades administrativas;
- Actividades de suporte.

Estas actividades têm de ser analisadas profundamente, detalhando mapas de fluxo de produção, para compreender de que forma tomam parte integrante na cadeia de valor, e que alterações podem ser introduzidas para reduzir o seu impacto no custo final, acrescentando de imediato valor à organização.

De seguida, procede-se à análise das principais fontes de perda nas empresas:
- Sobreprodução, produzir muito e/ou sem eficácia;
- Sobrelotação, excesso de tempo disponível por parte dos colaboradores;
- Excesso de transporte;
- Excesso de armazenamento;
- Excesso de movimentos entre processos produtivos, e/ou nos processos produtivos;
- Excesso de erros e/ou defeitos.

A organização vai, em seguida, actuar sobre estas perdas, racionalizando o fluxo de materiais, minimizando o esforço em transportes, simplificando os projectos dos produtos, simplificando as etapas dos processos, padronizando as tarefas de trabalho e implementando dispositivos à prova de falha.

Consegue-se a optimização dos processos produtivos, com obtenção de importantes ganhos de eficiência e redução da variabilidade dos resultados obtidos, com ganhos claros de qualidade, e maior eficácia relativamente ao objectivo de satisfação das necessidades do cliente.

Surge a integração das boas práticas de gestão, que ao longo do século XX foram sendo adoptadas pelas empresas de sucesso, tais como:
- **Kanban**, técnica de sinalização que controla os fluxos de produção ou transporte numa indústria, permitindo a solicitação atempada de peças, encomendas de matérias primas, transportes e outros serviços, sendo uma técnica importante da metodologia de produção atempada, JIT (Just in Time);
- **5 S**, técnica de organização do espaço de trabalho para obter a maximização de eficácia e eficiência. Os "5 S" são mnemónicas para inglês de:
    - Sort (Distribuição, identificação dos itens utilizados, ficando apenas com o essencial);
    - Set in Order (Arrumar de acordo com o fluxo de utilização, dos mais utilizados para os menos utilizados, para evitar erros e defeitos);
    - Scrub (Limpeza sistemática dos itens, assegurando a manutenção do bom estado de utilização e aspecto do espaço, ferramentas e materiais);

- ▪ Standardize (Estabelecer padrões de procedimentos uniformes, para promover a interacção e/ou troca de operadores, com recurso à utilização de recursos visuais, como etiquetas e checklists);
- ▪ Sustain (Assegurar a adesão disciplinada a estas regras e procedimentos, tornando uma rotina a organização do espaço de trabalho).
- **Kaizen**, metodologia de implementação de hábitos de melhoria contínua em toda a organização;
- **Gráficos de análise dos fluxos dos processos;**
- **Metodologia DMAIC** (ver página 33);
- **Controlo estatístico dos processos**.

O controlo estatístico dos processos implica a definição, identificação e/ou criação de indicadores chave do processo (KPI's- key process indicators). Estes indicadores vão constituir uma importante ferramenta de análise e controle dos processos, permitindo a detecção de oportunidades de melhoria e respectiva implementação.

Estes KPI's (Lean Six Sigma) diferem dos KPI's identificados na metodologia BSC (Balanced scorecard). No BSC, os KPI's são indicadores chave de desempenho (KPI's – key performance indicators).

Enquanto os "Key Process Indicators" dizem respeito ao registo e monitorização de factos verificados num processo produtivo, os "Key Performance Indicators" dizem respeito ao registo e monitorização dos resultados estratégicos obtidos pela organização, e são habitualmente utilizados como elemento objectivo de avaliação do desempenho dos colaboradores.

A abordagem "Lean Six Sigma" parte da definição dos objectivos estratégicos, para o desenho dos projectos que vão dar corpo à estratégia.

Esquematicamente, podemos ter a seguinte representação da abordagem Lean Six Sigma:

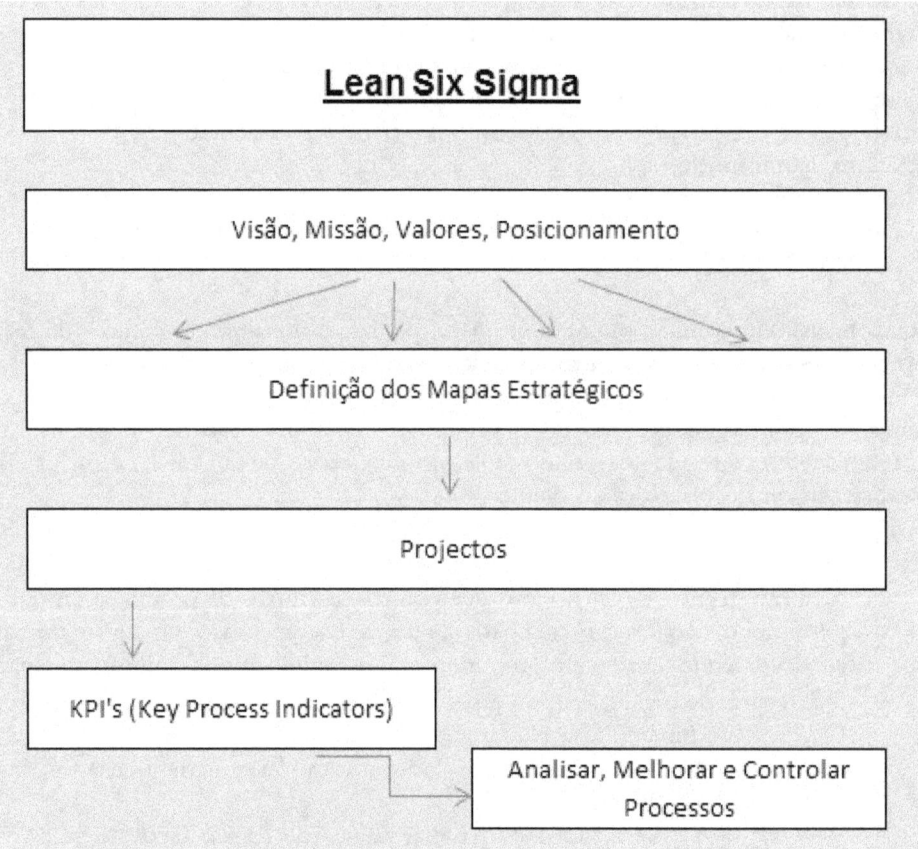

Figura 21 - Lean Six Sigma, esquema básico

Considerações finais sobre Estratégia

Como vimos, a definição da Estratégia passa sempre por uma reflexão prévia profunda, relativamente a múltiplos aspectos.

Antes de se seguirem os importantes passos teóricos atrás referidos, é habitualmente útil colocarmos duas questões simples:

- Qual é o espaço?
- Onde está a energia?

Qual é o espaço que existe disponível no mercado, na economia, no mundo? Como está preenchido?

Qual é o espaço que a nossa empresa ocupa?

Qual é o espaço de que dispõem os nossos colaboradores?

Onde está a energia do mercado? Para onde se dirige?

Para onde está direccionada a energia dos nossos funcionários?

Coloque diversas sub-questões em torno do espaço e da energia. Vai identificar aspectos que podem ser decisivos, e que não identificaria de outro modo.

A vida é a energia a fluir no espaço. Cada realidade possui uma determinada especificidade em termos de espaço e energia, e a recolha de informação com base nesta dicotomia, sem juízos de valor associados, conduz a uma serena sabedoria e a uma maior capacidade decisória no futuro.

Cobrar pelo self-service dos clientes, e/ou reduzir custos através do aumento dos serviços disponíveis, podem ser opções contra-intuitivas, que só são consideradas quando os objectos em análise são olhados numa perspectiva algo distante e despretensiosa.

Definir uma Estratégia implica fazer escolhas.

A McDonalds é um exemplo de um serviço de restauração de sucesso. Assenta o seu modelo de serviço num conjunto de escolhas bem definidas.

Em qualquer McDonalds do mundo existe uma consciência profunda do que se faz bem, do que se faz mal e do que não se faz. A McDonalds serve hamburgers saborosos, de qualidade uniforme e consistente. Oferece acessibilidade fácil, rapidez no serviço e um ambiente de descontracção.

Tem de almoçar em 15 minutos? A McDonalds pode ser uma solução.

Quer sair de casa em família, para uma refeição descontraída? A McDonalds pode ser a solução.

Na McDonalds, o cliente vai buscar a comida em embalagens de cartão, come com as mãos e vai servir-se dos guardanapos que precisar. Ainda lhe "pedem" que limpe as mesas que utilizou, e que coloque os desperdícios da sua refeição nos dispositivos de recolha de lixo disponibilizados para o efeito.

Está disposto a fazer o mesmo noutro restaurante?

As escolhas são decisões estratégicas. É através das escolhas que nos posicionamos. É através das escolhas que direccionamos a nossa energia, para o espaço que queremos ocupar.

É crucial ter esta noção, porque as pessoas não satisfazem todas as mesmas necessidades, ao mesmo tempo, da mesma forma.

A sua energia pode ser direccionada para o espaço que escolher ocupar.

Posto isto, a organização possui de facto uma **Estratégia** quando todos os seus elementos são capazes de responder, de pronto, às seguintes questões:

- **Quem somos?**
- **O que queremos obter?**
- **Qual é a conjuntura?**
- **Qual é o nosso plano?**

A profundidade do plano ou planos de acção, sobre os quais a organização vai actuar, dependem da complexidade do espaço de actuação da organização, das dinâmicas que são passíveis de implementação e da competência dos seus líderes nas funções de planear, organizar, dirigir e motivar os colaboradores à prossecução dos objectivos colectivos.

A criação de uma Onda Positiva numa empresa tem início na elaboração de uma Estratégia.

Como vimos, existem aspectos múltiplos a considerar, e é de facto importante aprofundar, tanto quanto possível, os conhecimentos que temos ao nível do planeamento estratégico.

Em resumo, independentemente das metodologias utilizadas, qualquer que seja a complexidade do objectivo que tem de ser atingido, a comunicação de um plano que seja explicado, aceite e envolvente, enquadrando os objectivos individuais com os objectivos da organização, é um passo fundamental para racionalizar e unir os comportamentos de todos os colaboradores.

É o primeiro alicerce racional na construção de uma Equipa.

2.2 ESTRUTURA

Estrutura

A estrutura é o corpo da organização.

Se questionarmos os líderes das organizações sobre a conveniência das estruturas das empresas pelas quais são responsáveis, provavelmente irão responder de imediato que as consideram adequadas.

Definida a Estratégia, a Estrutura é o conjunto constituído por pessoas, recursos e processos que vão permitir a execução do plano de acção.

Estrutura
Pessoas
Recursos
Processos

Por vezes, a estrutura é confundida com o esqueleto da organização.

Um organigrama funcional pode ser considerado o esqueleto da organização.

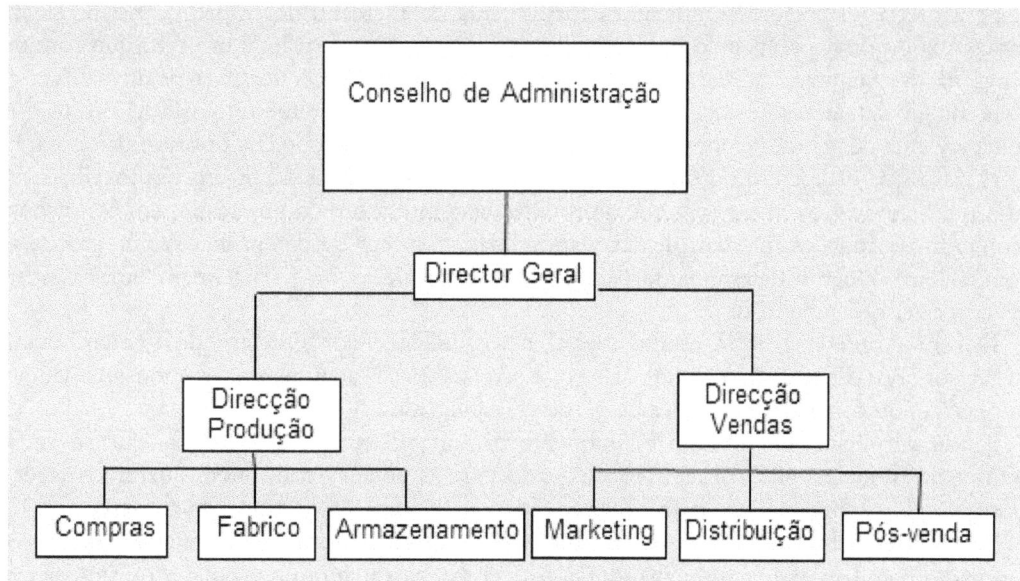

Figura 22 - Organigrama exemplo

Mas, a observação e análise de um organigrama não nos diz muito relativamente a competências, equipamentos, tecnologia, informação, processos e organização sobre a qual evoluem as pessoas na empresa.

Para além do esqueleto, é preciso perceber e definir o corpo da organização.

> ## Condicionantes da Estrutura
> Componentes
> Grau de liberdade
> Solidez

A Estrutura pretendida, ou considerada adequada, depende da análise da sua composição (pessoas, recursos e processos), do grau de liberdade com que se pretende dotar a Equipa ou a Organização, e da solidez que se considera adequada para a estrutura.

Componentes
Pessoas, Recursos, Processos

Pessoas

As pessoas são o primeiro, e o mais importante, elemento constituinte da estrutura da organização. A competência de cada pessoa é o primeiro factor a ter em conta na análise da estrutura.

O que sabem as pessoas fazer? Quais são as características comportamentais dominantes?

Uma estrutura, constituída por uma maior heterogeneidade de competências, tende a estar mais apta a enfrentar as adversidades que o futuro lhe pode trazer, e a definir no presente estratégias diversificadas. Habitualmente, a união de pessoas com diferentes competências e perspectivas, leva a que a empresa possibilite que cada elemento cresça e desenvolva todo o seu potencial dentro da organização, funcionando como um importante factor de aprendizagem e motivação.

Para além de reunir as competências necessárias para as funções, as pessoas têm de ser em número adequado para a execução das respectivas tarefas.

O desenho de um organigrama funcional tem de ter em conta as competências das pessoas que compõem a organização. Em primeira instância, deve ser o organigrama que se adapta às pessoas disponíveis e não o contrário, como é frequente verificar-se. Em épocas de crise e elevado desemprego, os responsáveis pelas empresas poderão desfrutar da possibilidade de escolher uma pessoa com determinadas competências, para ocupar um cargo no seu organigrama funcional.

Se a oferta de pessoas competentes for limitada no mercado de emprego, insistir na manutenção de um organigrama estático, preenchido com as pessoas erradas para a função, é um erro que conduz ao insucesso. As pessoas não se sentirão realizadas, e não serão capazes de surpreender pela positiva. Esta organização nunca poderá atingir patamares de excelência, ao alcance de uma concorrente que o faça. É este o tipo de gestão que conduz à venda de grandes empresas, e é também o tipo de gestão que cria oportunidades para os compradores.

É claro que o desenho do organigrama funcional tem de considerar, em termos abstractos, o conjunto de tarefas que têm de se verificar para que o produto da empresa surja no mercado, em condições de ser negociado. O conjunto de funções que têm de ser respondidas, não tem de determinar o número de pessoas que as vai desempenhar. O que é determinante para o sucesso, é que as funções tenham uma resposta de top, quando estiverem a ser desempenhadas.

Devemos manter a nossa mente aberta, à possibilidade do "Director de Vendas" acumular a função de "Supervisor Pós-Venda", e/ou do "Director da Fábrica" acumular a responsabilidade da "Direcção de Compras", e/ou considerar a eficácia de outras possibilidades.

Sendo as pessoas o primeiro componente de uma Estrutura, é com elas que se vai fazer algo. Se um determinado modelo funcional não for adequado para as pessoas com quem queremos fazer as coisas, então é preciso redefinir o organigrama para voltar a colocar a organização no trilho do sucesso.

As competências das pessoas devem ser avaliadas com a maior objectividade possível. As decisões devem ser tomadas com base em factos, evitando-se as decisões baseadas em percepções ou suposições.

No final do século XX, Billy Beane, na altura director geral da equipa norte-americana de basebol Oakland Athletics, constituiu, com estrondoso sucesso, uma equipa com base em jogadores, cujos dados estatísticos permitiam antever um bom desempenho futuro. Construiu a sua Equipa com um orçamento mínimo, e assente em jogadores com baixa cotação no mercado. Bateu recordes.

O jogo nunca mais foi o mesmo, desde então.

À semelhança do que foi feito por Billy Beane, em qualquer organização as decisões relativas às pessoas devem ser baseadas, tanto quanto possível, em dados concretos.

Primeiro é preciso reunir as pessoas certas. Depois é preciso adequar as funções que vão desempenhar às competências que demonstram possuir.

Se colocar o Cristiano Ronaldo à baliza e o Messi a defesa central, que resultado pode esperar alcançar?

Recursos
Instalações, equipamentos, ferramentas

As instalações, onde a empresa vai alicerçar o desenvolvimento da sua actividade, é um factor de decisão importante e condicionante do espaço de actuação da empresa, ao longo do tempo.

A decisão, quanto ao local das suas instalações, nunca constitui uma decisão de curto prazo. Ainda que a empresa, para ganhar maior capacidade de adaptação da sua estrutura à evolução do negócio, possa privilegiar a opção pelos espaços alugados em detrimento dos espaços adquiridos a título definitivo, a organização irá sempre permanecer nas instalações durante um período de tempo mais ou menos prolongado.

Em função das características das instalações, ficarão, desde logo, impostos os limites quanto ao número de pessoas que ali podem funcionar, e quanto ao tipo e número de equipamentos que se podem instalar.

As instalações estabelecem uma fronteira para o valor máximo de produção, que é possível obter com os recursos disponíveis.

Os equipamentos instalados vão viabilizar o exercício das diferentes tarefas, que as pessoas têm de levar a cabo.

Perante as instalações definidas, a decisão, quanto aos equipamentos a utilizar, passa pela análise das ofertas presentes no mercado de cada equipamento, considerando essenciais os factores tecnologia, eficácia e preço.

A tecnologia determina as competências que os colaboradores, que utilizam o equipamento, devem possuir para utilizar o equipamento, bem como os benefícios individuais que podem retirar pela sua utilização, quer em termos pessoais (conforto, por exemplo), quer em termos de ganhos de produtividade.

A eficácia do equipamento condiciona a sua utilização, porque este tem de ter a capacidade mínima necessária, para atingir os níveis de produção máximos da dotação das instalações.

No que a instalações e equipamentos diz respeito, podemos ter considerações importantes quanto ao seu enquadramento, com a estratégia e posicionamento da empresa.

A imagem que um cliente tem de uma empresa, pode ou não estar directamente relacionada com a imagem que é emitida pelas suas instalações. Numa empresa de encomendas por catálogo, as suas instalações físicas não condicionam a imagem que o cliente tem da empresa. Numa empresa de consultoria as instalações físicas, e a modernidade dos equipamentos utilizados, podem estabelecer uma determinada codificação na mente dos seus clientes.

Enquanto as considerações relativas a instalações e equipamentos são, quase exclusivamente, físicas e relativamente estáticas no tempo, as considerações relativas às ferramentas utilizadas assumem um enquadramento mais dinâmico.

As ferramentas utilizadas na composição da estrutura vão permitir que as pessoas, nas instalações e com aqueles equipamentos, executem determinadas tarefas de forma mais facilitada.

Uma ferramenta deve ser vista como um facilitador de um resultado final.

A consideração relativa ao tipo e capacidade das ferramentas a utilizar, implica a adopção de um foco no processo criativo, por parte da organização.

O computador é um equipamento utilizado pela organização.

Um programa informático é uma ferramenta utilizada pela organização.

A nossa empresa pode contratar à concorrência funcionários, que se apresentavam com desempenhos de excelência. Estas mesmas pessoas podem vir, agora, registar menores performances, caso as nossas ferramentas se revelem inoperantes como facilitadores do resultado final que se pretende.

As ferramentas são o componente concreto da estrutura, que estabelece a relação mais próxima com os Processos.

Os recursos que são importantes na definição, e/ou análise, da estrutura organizacional, são os caracterizados pelas instalações, equipamentos e ferramentas, porque os restantes recursos, tais como matérias-primas ou serviços externos, estarão também disponíveis de igual modo para a concorrência.

As ferramentas utilizadas permitem a obtenção de ganhos de produtividade subtis, que se podem traduzir em grandes ganhos de competitividade.

As organizações que possuem maior capacidade no tratamento da informação, adquirem ganhos de produtividade cruciais, para se sobrepor à concorrência.

Actualmente, as ferramentas informáticas assumem um papel diferenciador e crucial, em qualquer actividade.

Atente-se nos exemplos a seguir indicados:

1- Dar prioridade de tratamento às encomendas que possuem mais valor;
2- Utilização de semáforo de sinalização no controlo de cobranças.

1- Prioridade de tratamento às encomendas que possuem mais valor

Habitualmente, as empresas organizam-se em torno de um sistema FIFO (Firt in, first out – Primeiro a entrar, Primeiro a sair), no qual as encomendas são tratadas consoante vão chegando à empresa, sem se atender às diferenças de valor que cada encomenda representa.

Em vez de se utilizar um sistema FIFO, a empresa pode obter uma melhoria dos resultados globais, optando por dar prioridade no tratamento das encomendas de maior valor, em detrimento das encomendas de baixo valor. Evidentemente, não se pode descurar qualquer encomenda. Mas, podem-se criar regras, processos e mecanismos de controlo, que permitam agilizar o tratamento das encomendas de maior volume, e manter, em níveis satisfatórios, o tratamento das solicitações de menor valor. Com o auxílio das ferramentas informáticas estes sistemas são, hoje, de fácil implementação.

Ao dar prioridade de tratamento às encomendas de maior valor, a empresa está a contribuir para a acumulação de resultados de maior dimensão, no mais curto espaço de tempo.

A eficiência aumenta. Os resultados obtidos entusiasmam os colaboradores. O entusiasmo contagia, pela positiva, quem toca a organização.

2- Utilização de semáforo de sinalização no controlo de cobranças

Se estivermos perante uma organização com fins lucrativos, o controle das cobranças assume grande relevância.

Mais do que possuirmos pessoas dedicadas ao exercício deste controle sobre os recebimentos dos clientes, é óptimo podermos criar um mecanismo automático de alerta sobre os próprios clientes, induzindo nestes a boa prática de cumprir, atempadamente, com os seus compromissos.

Se os clientes podem consultar a sua conta-corrente através de um suporte informático (extracto digital, consulta via site, e-mail, etc), podemos criar um mecanismo simples de sinalização da evolução das suas cobranças, ao longo dos últimos doze meses.

Imagine que a empresa XYZ é nossa cliente, e se compromete a liquidar as suas facturas até 60 dias, após a data da encomenda.

Quando concebemos a ferramenta de auxílio à gestão das cobranças, é frequente limitarmo-nos a garantir uma forma de consulta que espelhe a indicação do saldo em dívida, e qual a sua origem.

Neste caso, ao consultar o seu saldo, a empresa depara-se com a seguinte informação:

Figura 23 - Controlo de cobranças 1

Sabemos agora que a empresa nos deve 105.077,00 €.

Uma análise mais atenta permite concluir que a empresa tem algumas facturas em atraso, embora não seja um valor muito grande no total em dívida.

Podemos melhorar esta informação, de modo a que o nosso departamento de cobranças possa actuar de forma efectiva, pedindo à empresa cliente o valor correcto, que já devíamos ter recebido.

Poderíamos ter esta melhoria na ferramenta:

Figura 24 - Controlo de cobranças 2

Neste momento, sabemos com exactidão e num primeiro olhar, que o valor da dívida da empresa XYZ, que está em atraso, se cifra em 21.288,00 €, e estamos em condições de efectuar um contacto, no sentido de obter a regularização deste valor. Apesar da dívida da cliente ser superior, apenas este valor está em situação de incumprimento.

No entanto, esta melhoria na ferramenta apenas nos ajuda a obter um controle mais eficaz sobre as cobranças, e minimiza a necessidade de explicações à empresa cliente, no momento em que estabelecemos contacto para reclamar algum valor fora de prazo.

Esta ferramenta informática ainda não induz, na empresa cliente, a preocupação pelo cumprimento dos prazos de pagamentos acordados (60 dias neste exemplo).

Podemos introduzir na ferramenta informática uma melhoria significativa, incorporando a informação que existe na empresa, mas que não está a ser utilizada.

Podemos, por exemplo, incorporar um semáforo mensal respeitante à evolução das cobranças nos últimos doze meses. Sempre que as encomendas de um mês não sejam liquidadas dentro do prazo de 60 dias, esse mês será sinalizado com o sinal vermelho. Sempre que as encomendas sejam liquidadas atempadamente, o mês será sinalizado com a bola verde.

Cliente	XYZ Lda			Data	15-03-2014
				Saldo	105.077,00
	F M A M J J A S O N D J			+ 60 dias	21.288,00

Encomenda	Data	Factura	Valor	Dias
20140014	03-01-2014	12345	12.534,00	71
20140015	08-01-2014	12546	8.754,00	66
20140016	07-02-2014	12768	23.789,00	36
20140017	15-03-2014	12987	60.000,00	0

Figura 25 - Controlo de cobranças 3

Agora, a ferramenta surge como um grande auxílio na gestão das cobranças. Para nós, além de nos dizer que apenas estão em atraso 21.288,00 € dos 105.077,00 € que a empresa XYZ nos deve, também nos diz que é esta a primeira vez nos últimos 12 meses que se regista uma situação de incumprimento.

Quando o departamento de cobranças efectua o contacto para reclamar o valor em dívida, pode informar, desde logo, que está ciente que a empresa sempre foi cumpridora, mas está em atraso um valor para o qual se solicita a regularização.

Para a empresa XYZ, sem que exista qualquer contacto da parte do nosso departamento de cobranças, passará a existir o cuidado de não se atrasar nenhum mês, para que não fique qualquer registo vermelho no seu historial. Com esta ferramenta, conseguimos induzir, no cliente, o comportamento de autocontrolo que tanto nos beneficia. Esta ferramenta cria uma vantagem competitiva perante a concorrência. Em caso de dificuldades de tesouraria na empresa XYZ, é possível que ela se incline a liquidar primeiro as dívidas perante a nossa empresa, do que perante outro fornecedor que não disponha deste mecanismo de acompanhamento dos saldos dos clientes.

Além do exposto, a ferramenta melhorada fornece ainda uma informação adicional: pode dizer-nos, de imediato, se a empresa XYZ é uma cliente regular.

Cliente	XYZ Lda			Data	15-03-2014
				Saldo	105.077,00
	F M A M J J A S O N D J			+ 60 dias	21.288,00

Encomenda	Data	Factura	Valor	Dias
20140014	03-01-2014	12345	12.534,00	71
20140015	08-01-2014	12546	8.754,00	66
20140016	07-02-2014	12768	23.789,00	36
20140017	15-03-2014	12987	60.000,00	0

Figura 26 - Controlo de cobranças 4

Os meses assinalados com bola cinzenta, foram meses nos quais a empresa não fez qualquer encomenda. Agora, utilizando esta ferramenta, de imediato percebemos se a cliente nos deve muito dinheiro, se possui dívida em incumprimento, se cumpre habitualmente com o prazo de pagamentos definido, e com que frequência nos efectua encomendas.

Compare com a ferramenta inicial e conclua qual é a mais eficaz, para nos ajudar a fazer a gestão dos clientes.

"Não podemos fazer grandes coisas. Só pequenas coisas com grande amor."
Madre Teresa de Calcutá

São apenas mais algumas linhas de programação que nos permitem obter ganhos enormes de produtividade, melhorar a qualidade do que fazemos diariamente, e facilitar a obtenção de resultados, utilizando a mesma informação que já tínhamos disponível na nossa organização.

Ao nível dos recursos utilizados pela estrutura organizacional, as ferramentas de tratamento da informação assumem-se como um factor crítico de sucesso. Determinantes, quer para superar a concorrência, quer para elevar os níveis de desempenho.

As ferramentas informáticas são um exemplo da atenção que devemos dar às ferramentas que utilizamos. Todas as ferramentas utilizadas pela organização devem ser consideradas na análise da Estrutura.

Processos
Regras, fluxos, timing

A seguir às pessoas e aos recursos, os processos são o terceiro componente da Estrutura.

Muito há a dizer relativamente à definição dos processos produtivos.

Os processos produtivos devem ser tão simples quanto possível, no que respeita a regras e fluxos operacionais.

A principal consideração a ter, quando se definem regras, é atender ao comportamento que elas induzem. É importante que as regras promovam comportamentos positivos, e se coíbam de funcionar como inibidores do comportamento, e/ou como promotores de efeitos perversos.

Vejamos.

Imagine uma firma de advogados que se dedica ao ramo imobiliário, e contrata avenças trianuais com as empresas suas clientes. Vamos supor que esta firma define a seguinte regra de comercialização de avenças:

"Para fazer face à concorrência, permite-se a comercialização de novas avenças a preços inferiores ao que temos feito até aqui, aceitando-se negociações entre os 6.000,00 e os 12.000,00 euros anuais. Não será permitida qualquer revisão anual de preço das avenças em curso".

À luz desta regra, quando estiverem perante um potencial cliente, os advogados, funcionários da organização, têm um incentivo tremendo para negociar as avenças pelo preço mais baixo de 6.000,00 € anuais, quando o interesse da empresa é celebrar os contractos de avença ao preço mais alto que for possível. O impedimento de revisão do preço das avenças em curso, vai promover nos negociadores um cuidado acrescido: vão vender mais baixo de imediato, porque sabem que, caso o cliente reclame o preço no futuro, não terão espaço de manobra para segurar o cliente, e os contractos são celebrados por períodos de três anos.

Se o representante da organização estiver ciente que possui um espaço para negociar com o cliente o preço da avença, não só hoje, mas também no futuro, procurará estabelecer uma efectiva negociação, pelo preço mais vantajoso que lhe for possível, em cada momento. O seu foco estará na rentabilidade do contrato.

Perante o impedimento de revisão do preço no futuro, logo no momento da negociação inicial, teremos o colaborador com o foco na manutenção do contrato.

O contrato ainda nem começou, e já o colaborador está dominado pelo receio de o perder.

Esta situação constitui um bom exemplo, de como as regras instituídas nos processos podem ter efeitos perversos, ou seja, estimulam práticas que não defendem os melhores interesses da organização.

Toda a organização tem as suas regras próprias. As regras têm de ser adequadas aos outros componentes da estrutura.

Tal como as regras, os fluxos de produção existem em todas as actividades, e compreendem a cadeia de tarefas que são levadas a cabo, para a obtenção de um produto final.

Também a este nível, é importante aprofundar a análise relativamente ao que são as boas práticas na organização.

A metodologia 5S, abordada no âmbito da estratégia Lean (ou Lean Six Sigma), fornece-nos um bom exemplo.

Sendo uma metodologia que evolui linearmente em termos dos "5S":

» Sorting - Distribuir
» Simplifying – Arrumar
» Systematic cleaning – Limpeza sistemática
» Standardizing – Estabelecer padrões
» Sustaining – Manutenção e disciplina

pode evoluir profundamente no seio de cada item.

No quadro da página seguinte, cada item evolui positivamente ao longo de cinco níveis:

1- Simplesmente começando;

2- Concentrando-nos no básico;

3- Sinalizando visivelmente a metodologia;

4- Concentrando-nos na fiabilidade;

5- Melhoria contínua.

Estes cinco passos podem ser aplicados ao longo de qualquer processo.

É necessário passar por um período de evolução, até se atingir o estádio de desenvolvimento que nos permite focar na melhoria contínua.

A simplicidade de processos proporciona, quase sempre, ganhos de eficácia por via de uma diminuição dos erros de execução, ao mesmo tempo que permite ganhos de eficiência, por via de uma maior velocidade de execução.

5S Nivéis de desempenho					
Nível 5: Melhorar continuamente	Problemas de limpeza estão identificados e estão instituídas acções de prevenção da desordem.	Os itens necessários podem ser utilizados em 30 segundos e num número mínimo de passos para o efeito.	Os problemas potenciais estão identificados e as medidas de combate estão documentadas.	Definem-se métodos fiáveis e padrões de limpeza, inspecções diárias, organização e partilha do espaço de trabalho que são utilizados nas áreas de trabalho similares.	Problemas raiz são eliminados e as acções de melhoria concentram-se no desenvolvimento de métodos preventivos.
Nível 4: Foco na fiabilidade	A área de trabalho tem documentadas as responsabilidades e calendarização de limpeza, assim como as nomeações são seguidas consistentemente.	Os itens necessários são o mínimo indispensável e estão devidamente preparados para utilização.	A inspecção ocorre durante a limpeza diária da área de trabalho, dos equipamentos e abastecimentos.	Documentam-se métodos fiáveis e padrões de limpeza, inspecções diárias e organização do espaço de trabalho que são seguidos por todo o grupo de trabalho.	As fontes e frequências de problemas são documentadas como parte da rotina de trabalho, os problemas raiz são identificados e os planos de acção correctiva são desenvolvidos.
Nível 3: Modo visual	A limpeza inicial foi feita e as fontes de desordem estão identificadas e corrigidas.	Os itens necessários estão delineados, devidamente etiquetados, nos locais próprios e são determinadas as suas quantidades necessárias.	Controlos visuais e identificadores são estabelecidos, marcando a área de trabalho, equipamentos e abastecimentos.	O grupo de trabalho estabeleceu acordos relativamente aos controlos visuais, etiquetagem e quantidades necessárias de cada item.	O grupo de trabalho assegura continuamente a verificação dos acordos 5S na área de trabalho.
Nível 2: Foco no básico	Os itens necessários e desnecessários estão identificados. Os desnecessários são removidos da área de trabalho.	Os itens necessários estão arrumados em segurança e organizados de acordo com a sua frequência de utilização.	Os itens chave da área de trabalho são identificados e são documentados os níveis de desempenho aceitáveis.	O grupo de trabalho documentou acordos relativamente aos itens necessários, organização e controlos da área de trabalho.	Foi determinado o nível inicial 5S, sendo o desempenho documentado e exibido na área de trabalho.
Nível 1: Começando	Os itens necessários e desnecessários estão misturados pela área de trabalho.	Os itens necessários são colocados ao acaso na área de trabalho.	Os itens chave da área de trabalho foram identificados mas não estão assinalados.	Os métodos na área de trabalho não estão documentados e não são seguidos consistentemente.	As verificações da área de trabalho são efectuadas de forma aleatória e não há medição visual do 5S.
Colocar uma marca amarela assinalando o nível de desempenho 5S de cada área	**Sorting** Distribuir	**Simplifying** Arrumar	**Systematic cleaning** Limpeza sistemática	**Standardizing** Estabelecer padrões	**Sustaining** Manutenção e disciplina
	Fonte: reliabilityweb.com				

Figura 27 - 5S, Níveis de desempenho

Ao aprofundarmos a reflexão sobre os mais variados aspectos da organização da empresa, conseguimos obter uma maior objectividade, relativamente às acções que são necessárias para promover a melhoria da qualidade de vida de todos.

A visão que nos é proporcionada pelo quadro acima é crucial, na medida em que mostra onde estamos, ao mesmo tempo que define para onde queremos ir.

É um quadro importante para que a organização se concentre na adopção de atitudes, e comportamentos positivos de crescimento colectivo.

Concorre para aumentar o sentimento de pertença, e para estimular a criatividade individual em benefício do grupo.

Deve ser criado em conjunto pela organização, divulgado e afixado em local bem visível, tal como a bússola indica o Norte.

As regras, a organização e os fluxos definidos nos processos, condicionam o desempenho das pessoas.

Experimente riscar a última letra de cada uma das seguintes palavras:

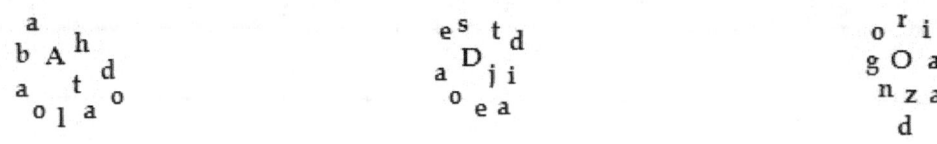

Figura 28 - Riscar a última letra de cada palavra, 1

Tente outra vez:

Atabalhoado   **Desajeitado**   **Organizado**

Figura 29 - Riscar a última letra de cada palavra, 2

A análise dos fluxos que acontecem ao longo dos processos na organização, tem lugar ao nível da organização e ao nível da sequência de eventos, que ocorre até se chegar ao produto final.

Dependendo da actividade desenvolvida pela empresa, a sequência de eventos, no interior dos processos, determina a eficácia da organização, pelo que é um importante elemento a considerar na Estrutura.

Independentemente da simplicidade e organização com que os processos são desenhados, o timing de execução das diferentes tarefas é também um aspecto importante para o sucesso da organização.

É preciso estar preparado para fazer bem, as coisas certas, no momento certo.

Independentemente da Estratégia da organização, a análise dos processos utilizados em termos de regras, fluxos e timings, vai permitir concluir sobre a composição da Estrutura, e a forma como se potenciam as pessoas e os recursos materiais.

Grau de liberdade

Quando estamos a analisar a Estrutura, precisamos de considerar também o grau de liberdade que esta confere à organização. A Estrutura pode condicionar a organização ao nível da flexibilidade, para a adopção de novas estratégias e/ou planos de acção, e pode estabelecer situações de maior ou menor dependência perante terceiros, designadamente fornecedores, colaboradores e/ou clientes.

Este aspecto é crucial para o sucesso da organização. Uma entidade excessivamente dependente de terceiros perderá capacidade negocial, poder concorrencial, e deixará de ter condições para ser, por si só, uma referência na sua área de actuação.

O grau de liberdade está para a Estrutura, assim como a roupa está para o corpo humano: demasiado apertada, prende muito os movimentos!

Solidez
Ligações estabelecidas, capacidade de suporte

A solidez de uma organização depende das ligações que se estabelecem entre os seus componentes (pessoas, recursos e processos).

A grafite é a substância que constitui o interior do lápis, e que nos permite escrever com ele, quebrando-se à medida que friccionamos um pouco, deixando no papel o rasto desse desgaste.

O diamante é a substância natural mais dura que se conhece.

A grafite e o diamante são constituídos pelo mesmo número de átomos de carbono. Apenas diferem na forma como os átomos se ligam entre si.

Do mesmo modo, a estrutura da organização tem de ser tão sólida quanto possível. A forma como os seus componentes se ligam entre si, assume importância preponderante para a robustez da organização.

As ligações, estabelecidas entre os átomos de carbono na grafite, formam um conjunto de placas. Os átomos acabam por estar pouco ligados entre si, e estabelecem ligações apenas bidimensionais, ficando as sucessivas camadas sobrepostas uma sobre as outras, formando a grafite.

As camadas, que formam a grafite, ligam-se umas às outras de forma fraca.

No diamante, as ligações estabelecidas entre os átomos são muito fortes. Cada átomo forma ligações covalentes, com quatro outros átomos de carbono, com uma ocupação no espaço que permite a formação de uma rede tridimensional.

A estrutura do diamante é extremamente rígida.

O brilho de uma e de outra estrutura também é completamente diferente!...

Fonte: http://portaldoprofessor.mec.gov.br/
http://umaquimicairresistivel.blogspot.pt/

Figura 30 - Grafite vs Diamante

Pessoas, recursos e processos dão corpo à Estrutura.

A força das ligações entre os componentes da estrutura depende das ligações racionais, físicas e emocionais que se estabelecem.

Qual é a proximidade que existe entre os componentes da estrutura?

Uma boa organização estrutural permite estabelecer sólidas ligações físicas, racionais e emocionais.

Físicas e racionais quando, por exemplo, se definem métodos fiáveis de organização e partilha do espaço de trabalho, que são utilizados nas áreas de trabalho similares, permitindo que ocorra a rotatividade entre membros de equipas diferentes, dentro da mesma especialidade.

Uma forte organização estrutural assenta em sólidas ligações emocionais.

A forte ligação emocional implica a existência de empatia, compreensão e compromisso entre todos.

As palavras chave são: comunicação e partilha.

A capacidade de suporte da estrutura está directamente relacionada com o esforço a que é submetida.

Muitas vezes, exige-se um determinado nível de resposta por parte da estrutura, sem que esta tenha capacidade para o fazer.

O que espera conseguir, se atirar quatro pratos a uma pessoa que só tem duas mãos para os segurar?

A verdade é que a busca pela maximização do lucro, tem tido um forte alicerce em gestos desta natureza.

A máquina tem vindo a substituir, cada vez mais, o homem nos processos produtivos. Em Economia, é frequente considerar-se a divisão dos factores produtivos entre capital e trabalho. Capital, porque é o dinheiro que permite adquirir instalações, equipamentos e ferramentas. Trabalho, porque são necessárias pessoas para assegurar o funcionamento dos recursos materiais.

"Mais do que de máquinas, precisamos de humanidade."
Charlie Chaplin

Trata-se de uma simplificação para permitir perspectivar determinados resultados finais, em função das decisões possíveis ao alcance das empresas. Facilita o cálculo e a análise de diversos cenários.

Infelizmente, é uma simplificação que acarreta custos enormes de bem-estar, ao desconsiderar o génio e o talento humano.

A capacidade de resposta da organização aos esforços a que é submetida, depende da adequabilidade da estrutura para suportar esses esforços, e depende da frequência com que é submetida a esforços extraordinários.

Comunicação e partilha, de gestos, objectivos e de dificuldades, elevam a capacidade de sacrifício individual a favor do colectivo.

Mas, o sacrifício individual tem os seus limites. Quanto maior for o sacrifício envolvido no exercício das tarefas, menor o discernimento na execução e menor a capacidade para surpreender pela positiva.

A estrutura organizacional deve ser dimensionada para os esforços a que vai ser submetida.

A qualidade é um conceito multidimensional, avaliado sobre diferentes factores e perspectivas, sendo variável de pessoa para pessoa.

A definição de qualidade assume-se como algo possível, apenas quando se reduz o âmbito da análise.

O Cristiano Ronaldo é um futebolista de qualidade, mas apenas se considerarmos os avançados.

Em termos genéricos e sempre verdadeiros, ter qualidade é ter capacidade para surpreender pela positiva, respondendo ao que se espera e acrescentando algo mais. Ter qualidade é ser excelente.

Limitarmo-nos a responder ao esperado, sem acrescentar algo mais, é simplesmente ser suficiente.

A Estrutura limita os níveis de excelência que a organização pode atingir, e determina o seu nível básico de qualidade.

Uma estrutura deficiente, onde o trabalho produzido surge com demasiados erros, imprecisões ou lacunas, acarreta custos para a organização.

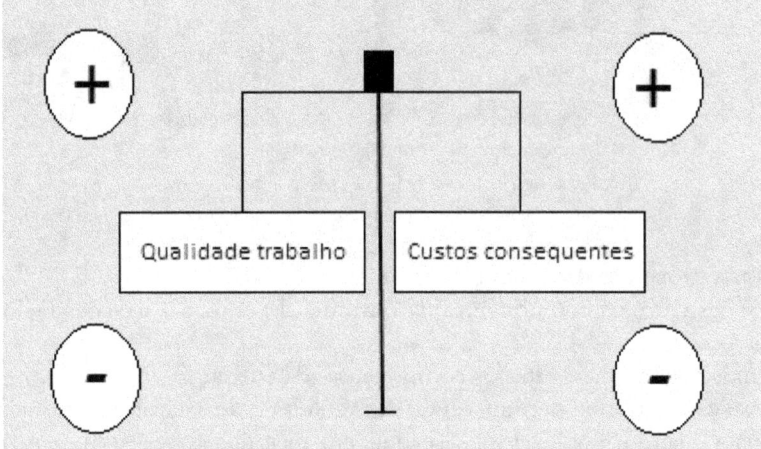

Figura 31 - Qualidade do trabalho vs Custos consequentes

Existe uma relação de equilíbrio entre a qualidade do trabalho produzido e um conjunto de custos consequentes.

Por exemplo, se uma linha de produção deixa de produzir dois dias, em consequência de um erro na mistura de dois compostos da matéria-prima, esta falta de qualidade acarreta um custo para a empresa.

Raramente, os custos inerentes à falta de qualidade do trabalho produzido são, devidamente, quantificados.

A norma ISO 9001 é uma referência internacional, para a certificação de sistemas de gestão da qualidade.

Pretende certificar se os produtos e serviços da organização estão em conformidade com as regras instituídas, o compromisso com a satisfação dos clientes e com um processo de melhoria contínua.

ISO 9001 - Sistemas de Gestão da Qualidade
Abordagem por processos

Objectivo / Campo Aplicação	Sistema de Gestão da Qualidade	Responsabilidade da Gestão	Gestão Recursos	Realização do Produto	Medição Análise Melhoria
Produto ao encontro dos requisitos do cliente	Documentação declarações manual procedimentos documentos	Comprometer a organização	Provisão de recursos	Planeamento	Satisfação do cliente
Aumentar a satisfação do cliente	Controlo de documentos	Focus no cliente	Recursos Humanos competência formação consciencialização	Processos relacionados com o cliente	Auditoria interna
	Controlo de registos	Política de qualidade	Infra-estruturas	Requisitos do produto	Monitorização e medição dos processos
		Planeamento integridade planeamento - implementação	Ambiente de trabalho	Revisão de requisitos do produto	Monitorização e medição do produto
		Responsabilidade e Autoridade		Comunicação com o cliente pré e pós venda	Controlo do produto não conforme
		Comunicação interna		Concepção e Desenvolvimento entradas saídas revisão verificação validação controlo de alterações	Análise de dados
		Revisão entrada saída		Compras	Melhoria contínua acções correctivas acções preventivas
				Produção e fornecimento do serviço controlo da produção validação dos processos identificação e rastreabilidade preservação do produto	
				Controlo do equipamento	

Figura 32 - Esquema ISO 9001

A abordagem por processos, que nos é apresentada na norma ISO 9001, é útil como ferramenta de orientação e análise da construção dos diversos processos, no seio da empresa. Indica-nos alguns dos tópicos sobre os quais podemos ter necessidade de actuar.

A certificação de qualidade não refere dados concretos, tais como o maior ou menor número de reclamações registadas num determinado espaço de tempo, o grau de satisfação dos clientes manifestado em estudos de notoriedade, ou os dados relativos à evolução do clima organizacional.

Pretende apenas certificar que a empresa cumpre com os pressupostos enunciados no quadro acima, o que raramente significa que a organização possui qualidade nos seus processos, e/ou nos seus produtos e serviços.

As empresas devem cultivar uma verdadeira exigência de qualidade.

A estrutura da organização vai ser determinante para:

- Qualidade dos processos (processos isentos de erros);
- Velocidade dos processos;
- Metodologias de monitorização e controle;
- Qualidade do produto final (produto final bem classificado pelos clientes, relativamente aos itens considerados relevantes);
- Capacidade de surpreender pela positiva;
- Capacidade para cumprir os objectivos estratégicos.

A estrutura deve assegurar espaço para a criatividade.

2.3 EXECUÇÃO

Execução

A Execução é a Estrutura a expressar a Estratégia.
O que fazemos deve ter:
- Uma razão (na motivação e na execução);
- Um objectivo;
- Um resultado.

A razão é diferente do objectivo, porque a razão define porque fazemos algo, e o objectivo define o resultado que pretendemos alcançar.

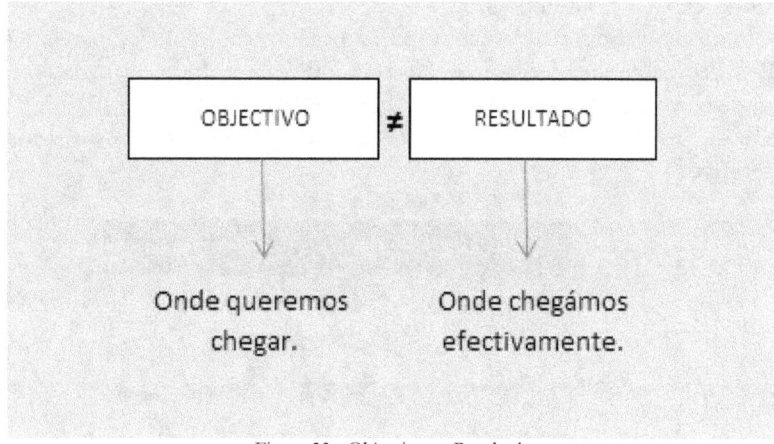

Figura 33 - Objectivo vs Resultado

Antes da Execução estar concluída, não existe a garantia de se atingir os objectivos pretendidos.

Se temos Estratégia e Estrutura adequadas e bem definidas, a obtenção de resultados que superem os objectivos poderá ficar bastante mais facilitada, se colocarmos as acções em prática, assentes em mecanismos de motivação e monitorização.

De dia para dia, de ano para ano, com as mesmas equipas, com os mesmos recursos e no mesmo mercado, as empresas costumam pedir sempre mais resultados!...

Mais e Melhor!...

Com o auxílio da experiência adquirida, do aperfeiçoamento contínuo dos processos e da evolução do posicionamento estratégico da empresa no mercado, é possível consegui-lo durante um determinado período de tempo. Período de tempo esse que é necessariamente finito!

Mais e melhor...

Fazer melhor, significa fazer com menos esforço. Em esforço, só conseguimos fazer igual ou pior. Em esforço, temos tendência para perder lucidez e discernimento.

Em esforço, a qualidade do trabalho diminui.

Em esforço, diminui a capacidade para surpreender pela positiva.

Fazer mais, significa mais trabalho.

Para se conseguir "mais e melhor", de forma consistente, é preciso que exista mais trabalho sem esforço. É preciso estar, continuamente, a inventar a roda... É preciso manter a criatividade!

Surpreendentemente, os resultados que nos dão mais satisfação obter são aqueles conseguidos com grande esforço, após uma entrega total, e que nos permitem atingir objectivos que pensávamos inalcançáveis.

Esta satisfação é algo que a organização de excelência tem de proporcionar aos seus colaboradores, para que exista o aproveitamento máximo do potencial da organização.

O esforço tem de existir, de ser solicitado e de ser exultado. Mas, tem de haver uma elevada dose de equilíbrio. Logo após o esforço, o descanso tem de ser proporcionado.

Em suma, para uma execução de excelência precisamos de conseguir trabalhar mais, sem que ocorra perda de energia, e solicitar esforço pontual para se atingirem patamares competitivos mais elevados.

Qual é a forma mais simples de conseguir este desígnio?

Contratar talento.

O talento faz com que façamos mais e melhor. O talento leva-nos a conseguir mais resultados, com menos esforço. O talento faz com que os resultados surjam com naturalidade.

A alternativa a contratar talento é descobrir o talento internamente, entre os membros da organização. Adequar as competências individuais dos colaboradores às funções que exercem.

Canalizar o talento para os objectivos organizacionais, consegue-se através de processos de monotorização e motivação.

Os processos de motivação são importantes para que possa ocorrer a manifestação da criatividade individual de cada talento, e para que ocorra a realização pessoal no máximo da sua plenitude.

Os processos de monitorização são cruciais, para manter todos os colaboradores focados nos objectivos colectivos.

Na primeira linha dos processos de monitorização da performance, estão os KPI's (Key performance indicators, indicadores chave de desempenho).

Tal como referido na elaboração da estratégia da organização, na secção relativa ao Balanced Scorecard, a definição dos KPI's deve abranger a organização e os indivíduos. Este é o processo ideal para que se crie um sentimento natural de contributo individual, para o bem colectivo.

Devemos ter já definidos os objectivos da organização, e proceder para que toda a estratégia seja executada em prol desses objectivos.

Anual KPI's - Exemplo

Indicador de desempenho	Objectivo
Margem de comercialização média	20,00%
Rentabilidade dos capitais próprios	5,00%
Vendas anuais	1.000.000,00

Vendas anuais	1.000.000,00
Linha de produto A	500.000,00
Produto A1	200.000,00
Produto A2	200.000,00
Produto A3	100.000,00
Linha de produto B	500.000,00
Produto B1	170.000,00
Produto B2	180.000,00
Produto B3	150.000,00

Margem comercialização	
Gestão Produto A	25,00%
Gestão Produto B	15,00%

Implementação de melhorias operacionais	Objectivo
Produção	6
Cobranças	2
Comercialização	6
Pós-venda	6

Figura 34 - Anual KPI's exemplo, 1

Neste exemplo, temos um conjunto constituído por três objectivos financeiros globais, e as respectivas sub--divisões pelas linhas de produto comercializadas.

Neste exemplo, temos também um módulo de objectivos de melhorias operacionais a implementar.

A definição deste tipo de ferramenta, de auxílio à execução, permite a monitorização do desempenho da organização ao longo do ano, dotando os gestores de uma maior capacidade de afinação das velas, de acordo com o vento que se apresenta. As decisões são baseadas em factos, e podem ser tão prontas quanto a frequência de actualização da informação.

Anual KPI's - Exemplo

Indicador de desempenho	Objectivo	Resultado	Desvio	Cumprimento %
Margem de comercialização média	20,00%	22,00%	2,00%	110,00%
Rentabilidade dos capitais próprios	5,00%	4,00%	-1,00%	80,00%
Vendas anuais	1.000.000,00	945.322,00	-54.678,00	94,53%

Vendas anuais	1.000.000,00	945.322,00	-54.678,00	94,53%
Linha de produto A	500.000,00	622.444,00	122.444,00	124,49%
Produto A1	200.000,00	112.678,00	-87.322,00	56,34%
Produto A2	200.000,00	245.990,00	45.990,00	123,00%
Produto A3	100.000,00	263.776,00	163.776,00	263,78%
Linha de produto B	500.000,00	322.878,00	-177.122,00	64,58%
Produto B1	170.000,00	171.500,00	1.500,00	100,88%
Produto B2	180.000,00	32.000,00	-148.000,00	17,78%
Produto B3	150.000,00	119.378,00	-30.622,00	79,59%

Margem comercialização				
Gestão Produto A	25,00%	19,00%	-6,00%	76,00%
Gestão Produto B	15,00%	28,00%	13,00%	186,67%

Implementação de melhorias operacionais	Objectivo	Resultado	Desvio	Cumprimento %
Produção	6	9	3	150,00%
Cobranças	2	1	-1	50,00%
Comercialização	6	4	-2	66,67%
Pós-venda	6	7	1	116,67%

Figura 35 - Anual KPI's exemplo, 2

Consideremos que, decorrido um ano, a empresa registava os resultados do quadro acima.

Conseguiu executar o pretendido em apenas um dos três itens principais. Nas suas linhas de produto, apenas teve sucesso no produto A em termos de vendas. Em termos de margem de comercialização, só conseguiu atingir o objectivo no produto B. Implementou 21 melhorias operacionais, mas atingiu o objectivo apenas em duas das quatro áreas alvo.

Se uma organização concluir o ano com esta performance, podemos deduzir que houve pouca monitorização ao longo do ano, atendendo aos enormes desvios que existem entre os resultados obtidos, nas diferentes áreas da empresa. Também podemos deduzir que se tratará de uma organização com défices de comunicação entre sectores, pouco alinhados entre si nos objectivos colectivos.

Poderíamos especular relativamente à forma como alguns dos resultados foram obtidos. Por exemplo, diríamos, eventualmente, que o gestor do produto B poderia ter exercido uma acção de margem de comercialização tão direccionada para o cumprimento do seu objectivo, que criou uma situação de maior dificuldade na venda do produto.

Anual KPI's - Exemplo

Indicador de desempenho	Objectivo	Resultado	Desvio	Cumprimento %
Margem de comercialização média	20,00%	22,00%	2,00%	110,00%
Rentabilidade dos capitais próprios	5,00%	4,00%	-1,00%	80,00%
Vendas anuais	1.000.000,00	945.322,00	-54.678,00	94,53%

	Objectivo	Resultado	Desvio	Cumprimento %
Vendas anuais	1.000.000,00	945.322,00	-54.678,00	94,53%
Linha de produto A	500.000,00	510.000,00	10.000,00	102,00%
Produto A1	200.000,00	163.125,00	-36.875,00	81,56%
Produto A2	200.000,00	245.990,00	45.990,00	123,00%
Produto A3	100.000,00	100.885,00	885,00	100,89%
Linha de produto B	500.000,00	435.322,00	-64.678,00	87,06%
Produto B1	170.000,00	168.500,00	-1.500,00	99,12%
Produto B2	180.000,00	144.675,00	-35.325,00	80,38%
Produto B3	150.000,00	122.147,00	-27.853,00	81,43%

Margem comercialização	Objectivo	Resultado	Desvio	Cumprimento %
Gestão Produto A	25,00%	19,00%	-6,00%	76,00%
Gestão Produto B	15,00%	26,00%	11,00%	173,33%

Implementação de melhorias operacionais	Objectivo	Resultado	Desvio	Cumprimento %
Produção	6	6	0	100,00%
Cobranças	2	2	0	100,00%
Comercialização	6	6	0	100,00%
Pós-venda	6	7	1	116,67%

Figura 36 - Anual KPI's exemplo, 3

Consideremos, outra vez, que decorrido um ano a empresa teria registado estes dados.

Do mesmo modo, conseguiu executar o pretendido em apenas um dos três itens principais. Nas suas linhas de produto, apenas teve sucesso no produto A em termos de vendas. Em termos de margem de comercialização, só conseguiu atingir o objectivo no produto B. Também implementou 21 melhorias operacionais, tal como anteriormente, mas, desta vez, atingiu o objectivo em todas as áreas operacionais pretendidas.

Numa análise mais superficial, os dois desempenhos parecem muito idênticos.

Em que organização preferia estar?

Embora pareçam resultados semelhantes, a verdade é que a execução desta segunda empresa é superior. Existem desvios bastante mais pequenos relativamente aos objectivos definidos, e implementaram-se as acções de melhoria operacional pretendidas. É provável que, nesta segunda empresa, a comunicação seja mais fluída no seio da organização, e/ou existam maior número de acções desenvolvidas ao longo do ano, em função da monitorização dos resultados intermédios.

Em termos de desvios dos objectivos verificados entre os dois casos, temos:

Caso prático 1

Resultado	Global	Vendas AB	Margem AB	Linha A	Linha B	Melhorias
item 1	110,00%	124,49%	76,00%	56,34%	100,88%	150,00%
item 2	80,00%	64,58%	186,67%	123,00%	17,78%	50,00%
item 3	94,53%			263,78%	79,59%	66,67%
item 4						116,67%
Média	94,84%	94,53%	131,33%	89,67%	59,33%	95,83%
Desvio médio	10,10%	29,96%	55,33%	33,33%	41,55%	37,50%

Caso prático 2

Resultado	Global	Vendas AB	Margem AB	Linha A	Linha B	Melhorias
item 1	110,00%	102,00%	76,00%	81,56%	99,12%	100,00%
item 2	80,00%	87,06%	173,33%	123,00%	80,38%	100,00%
item 3	94,53%			100,89%	81,43%	100,00%
item 4						116,67%
Média	94,84%	94,53%	124,67%	102,28%	89,75%	104,17%
Desvio médio	10,10%	7,47%	48,67%	20,72%	9,37%	6,25%

Figura 37 - Anual KPI's exemplo, 4

A partir deste simples caso prático, cujas nuances se aplicam *"ipsis verbis"* na realidade, podemos tecer diversas considerações importantes:

1- A definição de objectivos, por si só, não melhora o funcionamento das empresas.

2- A definição dos objectivos, e a sua monitorização ao longo do tempo, é um auxílio na execução dos planos das empresas.

3- A concentração excessiva nos objectivos coloca o foco dos funcionários nos seus interesses pessoais, e/ou internos, e retira a capacidade de concentração no cliente. O cliente é visto muito mais como o meio para se atingirem os objectivos, do que como o destinatário final das acções da organização.

4- Aumenta a tendência para trabalhar para a estatística, em detrimento do trabalho para o bem comum. Coloca-se o foco nos resultados, e perde-se a visão dos processos utilizados para os atingir.

5- Aumenta a tendência para se avaliar os colaboradores, em função dos resultados obtidos, muitas vezes, sem atender à qualidade do trabalho desenvolvido, e sem considerar o nível de conhecimentos ou o potencial das pessoas.

6- Caso ocorra a atribuição exclusiva de objectivos individuais, aumenta a tendência para que os colaboradores se envolvam em disputas internas, em favor dos seus interesses pessoais, mesmo que isso aconteça com prejuízo da organização. Pode perder-se capacidade de entreajuda.

7- Caso ocorra a atribuição exclusiva de objectivos colectivos, poderá ocorrer o enfraquecimento da ligação do desempenho individual com os objectivos colectivos, que, no limite, podem conduzir à ocorrência de situações de "parasitismo funcional" (apesar de um menor ou nulo desempenho, alguns trabalhadores vão beneficiar do esforço de outros).

Apesar destes perigos, com a definição de objectivos mistos, em moldes semelhantes aos do nosso caso prático, podemos conseguir que a organização se transcenda, atingindo níveis de desempenho acima de qualquer perspectiva que, inicialmente, se pudesse conceber.

A criação destes quadros de monitorização do desempenho é crucial para uma execução de excelência, quando harmoniza os objectivos colectivos com os objectivos individuais, e permite focalizar, diariamente, os funcionários em fazer o que é necessário.

A monitorização dos KPI's é mais eficiente do que a monitorização por diagramas de Gantt (exemplo na pág. 27). Enquanto na metodologia MPPO limitamo-nos a executar de acordo com o plano previamente estabelecido, na quantidade e tempo planeados, aqui podemos criar a ambição de ir além dos objectivos planeados.

O que é que nos leva mais longe: a cooperação ou a competição?

Quando interagimos com o objectivo de elevar a nossa capacidade colectiva, desprovidos de interesses individuais, aumentamos imenso o número, a abrangência e a criatividade das soluções que se submetem a análise.

Os debates que são mantidos, com esta atitude dominante de cooperação, resultam no alargamento das possibilidades de escolha, e conduzem à adopção das soluções que melhor servem os interesses de todos.

Quando adoptamos uma atitude de competição, ganhamos objectividade. Concentramo-nos, muito mais, no que é preciso fazer para atingir um determinado objectivo. Procuram-se as soluções que estão reduzidas a um objectivo específico a atingir: ganhar!

Quando reduzimos, perdemos algo.

Ganhamos objectividade, mas essa objectividade tem um custo.

Perdemos diversidade e criatividade.

Perdemos capacidade de surpreender pela positiva.

Perdemos capacidade de excelência.

Os debates onde predomina a atitude de competição, pouco mais servem que para perceber a força relativa dos intervenientes, no que concerne ao tema em discussão.

Quanto maior a atitude competitiva, menor a comunicação estabelecida entre as partes.

Apesar da importância dos processos de monitorização, os processos de motivação assumem uma relevância ainda maior.

A criação do equilíbrio, entre competição e cooperação, é determinante para o desempenho colectivo de excelência.

Ao nível empresarial, existem duas fontes principais de motivação individual do colaborador:

1- Realização pessoal

2- Compensação material

Para que ocorra a realização pessoal, as pessoas têm de ser chamadas a executar algo mais do que as meras tarefas de substituição da máquina. A realização pessoal implica a colocação do nosso cunho pessoal nas acções que desenvolvemos. Implica a existência de um espaço para a criatividade individual.

A realização pessoal, em início de carreira, regista valores relativamente elevados nos colaboradores, em geral e em princípio, porque estarão num processo contínuo de aprendizagem, e este costuma ser motivador.

O sentimento de realização pessoal, em profissionais experientes, torna-se cada vez mais difícil de elevar, à medida que aumenta a sua permanência na organização.

É por isso que é importante que a empresa proporcione um espaço para a expressão da criatividade individual, ao mesmo tempo que reforça o sentimento de pertença à organização.

Mas, a realização pessoal abrange os campos profissional, familiar e individual.

A atribuição de compensações materiais (salário, incentivos monetários, viagens e outros benefícios) é sempre importante. Para além de possibilitar às pessoas a satisfação das suas necessidades básicas, também pode permitir a realização pessoal de outras ambições, situadas fora da esfera profissional.

O equilíbrio entre os objectivos individuais e colectivos, pode procurar-se através da repartição da atribuição de incentivos materiais entre ambos, cumulativamente com a definição de uma recompensa, pelo alinhamento do cumprimento de objectivos na organização.

Pretendemos que cada colaborador compita consigo próprio pelo melhor resultado possível, e colabore com a organização na obtenção de resultados extraordinários.

Continuando com o nosso caso prático, podíamos ter definido os seguintes objectivos de alinhamento:

Objectivos de Alinhamento	Objectivo	Peso %
# Áreas com desvio negativo = 0,00%	4	50,00%
% cumprimento de pares	100,00%	50,00%

Figura 38 - Objectivos de alinhamento

A pretensão de se registar, no final do ano, um número mínimo de áreas com desvio negativo igual a quatro (e não seis), significa criar um objectivo atingível, mas superável e que, ao mesmo tempo, estimula a superação colectiva. Consegue-se que todas as áreas olhem umas pelas outras, construindo pontes para a entreajuda espontânea, interdepartamental.

Pretender que as áreas de desempenho semelhante atinjam os seus objectivos, promove também a cooperação entre profissionais que se encontram em competição directa entre si (situação que poderá ocasionar que, entre colegas, se esconda um processo de melhoria que esteja a ser praticado, com sucesso, num determinado sector).

Também poderíamos definir a forma de cálculo do incentivo monetário, considerando uma matriz para os três objectivos fundamentais.

Exemplo de incentivo monetário:

Objectivo	Atinge 100,0%	Atinge 110,0%	Atinge 120,0%
Individual	1,00	1,20	1,50
Colectivo	1,00	1,20	1,50
Alinhamento	1,00	1,20	1,50

Figura 39 - Tabela de cálculo de incentivo monetário

Agora, cada colaborador passa a estar preocupado com o cumprimento de objectivos, por parte das outras áreas da empresa, diferentes da sua. Ao mesmo tempo, está também preocupado com o cumprimento dos objectivos, por parte daqueles que exercem a mesma função.

Multiplique a unidade monetária pelo valor que entender. Verá que surte um efeito positivo na motivação dos colaboradores, ao mesmo tempo que mantém as pessoas focadas nos objectivos a atingir, individuais e colectivos.

Sempre que alguém descobre uma forma de melhorar um processo, tem um incentivo para tomar a iniciativa de divulgar a descoberta pelos membros da organização, que podem tirar proveito da informação. Fomenta-se a comunicação e a partilha.

Fomenta-se a entreajuda.

Conseguimos que cada funcionário se preocupe com o desempenho individual e colectivo, como é desejável e racional.

Caso prático 2

Resultado	Global	Vendas AB	Margem AB	Linha A	Linha B	Melhorias
item 1	110,00%	102,00%	76,00%	81,56%	99,12%	100,00%
item 2	80,00%	87,06%	173,33%	123,00%	80,38%	100,00%
item 3	94,53%			100,89%	81,43%	100,00%
item 4						116,67%
Média	94,84%	94,53%	124,67%	102,28%	89,75%	104,17%
Desvio médio	10,10%	7,47%	48,67%	20,72%	9,37%	6,25%
Desvio médio <0	-12,73%	-12,94%	-24,00%	-18,44%	-19,10%	0,00%

Figura 40 - Anual KPI's, desvios médios

No nosso exemplo, o cálculo do valor do incentivo do gestor do Produto B seria o seguinte:

Gestor de Produto - Linha B	Objectivo	Resultado	Cumprimento%	Incentivo	
Objectivos individuais	Ponderação 40,00%			0,30	a)
Margem comercialização	0,15	0,26	173,33	1,50	
Vendas Linha Produto B	500000,00	435322,00	87,06	0,00	
TOTAL				0,75	
Objectivos colectivos	Ponderação 30,00%			0,18	b)
Margem comercialização média	0,20	0,22	110,00	1,20	
Vendas anuais	1000000,00	945322,00	94,53	0,00	
TOTAL				0,60	
Objectivos alinhamento	Ponderação 30,00%			0,10	c)
Implementação melhorias Produção	6	6,00	100,00	1,00	
Número áreas sem desvio negativo	4	1,00	0,00	0,00	
% cumprimento dos pares	100,00%	[1] 0,00	0,00	0,00	
TOTAL				0,33	
				0,58	d)

[1] Tem como resultado "0,00" porque o Gestor do Produto A não cumpriu os seus objectivos individuais.

a) 0,30 = 40% x (1,50 + 0,00) / 2
b) 0,18 = 30% x (1,20 + 0,00) / 2
c) 0,10 = 30% x (1,00 + 0,00 + 0,00) / 3
d) 0,58 = 0,30 + 0,18 + 0,10

Figura 41 - Cálculo de incentivos do Gestor do Produto B

O gestor de produto da linha B receberia um incentivo, no final do ano, de 0,58 x valor base do incentivo anual.

Com estes pressupostos, se a empresa tivesse excedido as expectativas em todos os itens, atingindo os 120,0% de cumprimento nas três linhas de objectivos, este mesmo gestor receberia 1,50 x valor base do incentivo anual.

Se apenas contássemos com os objectivos individuais, o gestor receberia 0,75 x valor base do objectivo.

Entrar em linha de conta com a perspectiva do colectivo, permite à organização manter as vantagens da objectividade dos colaboradores na execução das tarefas individuais, ao mesmo tempo que sensibiliza para a importância do bom desempenho colectivo.

A utilização das três linhas de objectivos, tem a desvantagem de uma maior complexidade no cálculo dos valores dos incentivos anuais, de cada colaborador. Esta maior complexidade do cálculo, tem associada uma maior dificuldade para que as pessoas compreendam o seu funcionamento.

Ultrapassada esta barreira, o desempenho organizacional fica orientado para uma situação de maior capacidade de superação colectiva, o que irá permitir ganhar uma importante vantagem competitiva face à concorrência, com reflexos muito positivos a médio prazo.

Os incentivos monetários, assim definidos, podem ser complementados com outras compensações individuais e colectivas, como viagens, prémios materiais, formação pessoal, acesso a eventos extraordinários e outros similares. Para definir este tipo de compensações materiais não monetárias, é importante que a empresa esteja segura que constituem uma motivação para os colaboradores.

A Execução não depende só da objectividade dos colaboradores, no desempenho das suas tarefas.

A Execução depende também da ausência de erros, no desempenho das tarefas.

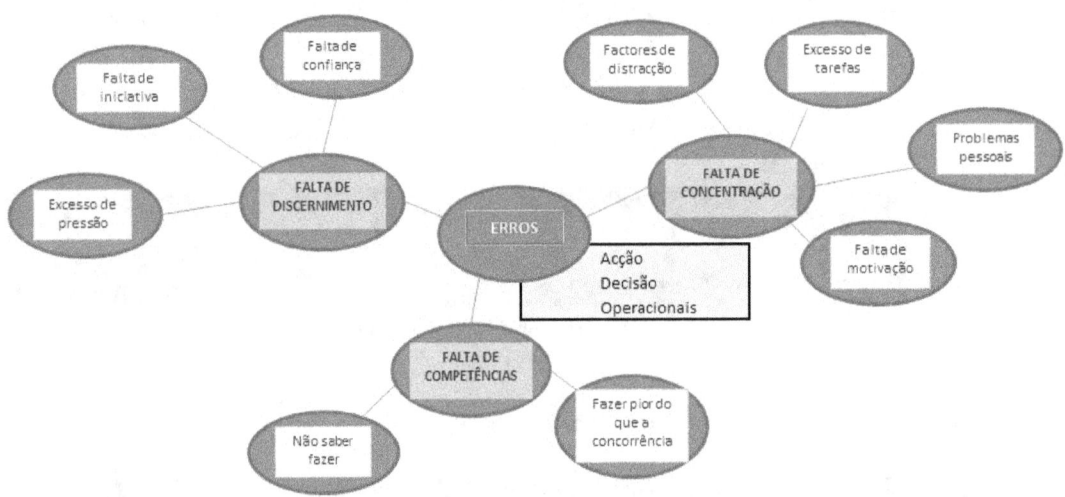

Figura 42 - Erros de execução

Existem erros de decisão, de acção e operacionais.

Os erros são consequência directa de três deficiências fundamentais: falta de competências, falta de discernimento e falta de concentração.

Por sua vez, cada uma destas deficiências pode ter origem em aspectos perfeitamente identificáveis. A sua compreensão ajuda a Direcção da empresa a desenvolver as acções correctas, que permitam minimizar ou eliminar os erros.

A falta de discernimento tem, normalmente, origem em aspectos emocionais. As pessoas não tomam a decisão certa por não se sentirem confiantes, por se sentirem pressionadas, ou, simplesmente, por preferirem não decidir ou adiar as decisões, numa atitude de defesa. Poderão existir outras causas para a falta de discernimento, como o excesso de ansiedade, mas este tende a ser um factor mais localizado e individual. Normalmente, em termos gerais, não se detecta na mesma organização em vários indivíduos.

A falta de concentração tem, frequentemente, origem em aspectos mais funcionais. A falta de organização, e/ou os fluxo de processos mal definidos, podem criar dificuldades de concentração na execução das tarefas, levando à ocorrência de erros. A falta de concentração também pode ter origem em aspectos emocionais, como os problemas pessoais, mas estes aspectos só devem constituir uma preocupação de toda a organização, quando se manifestam em diversos colaboradores.

A falta de competências para o exercício das tarefas, pode ser colmatada com formação, reajustando as pessoas na função, e/ou contratando talento.

No entanto, é preciso ter o cuidado de não confundir o surgimento de erros por falta de concentração, ou discernimento, com erros de falta de competência. São situações distintas e não são facilmente distinguíveis entre si. É um erro extremamente custoso se dispensarmos um funcionário de grande potencial, por um erro de avaliação desta natureza.

Um processo de redução de erros passa por aumentar os níveis de confiança dos colaboradores:
- Adequar a estrutura da organização;
- Definir objectivos adequados;
- Exigir concentração;
- Desenvolver competências;
- Criar factores de motivação;
- Implementar melhorias na comunicação organizacional.

A Execução depende, ainda, da boa manutenção da capacidade operacional da empresa.

Tanto a realização pessoal como a compensação material estão directamente ligadas à motivação dos colaboradores. A satisfação de um trabalho bem feito, vai para além da compensação material.

Caso existam atropelos, no normal funcionamento e execução das tarefas, o colaborador sente-se decepcionado, por sentir que se torna mais difícil atingir os objectivos pretendidos. E esta dificuldade ultrapassa o seu raio de acção.

Apenas mantendo uma boa capacidade operacional, se vai conseguir obter o efeito máximo positivo, resultante da implementação de um esquema de incentivos semelhante ao exemplificado.

Apenas mantendo a boa capacidade operacional, se mantém a Onda Positiva.

A óptima capacidade operacional vai catapultar a motivação dos colaboradores para níveis elevados, promovendo a dedicação individual e a objectividade colectiva. O sucessivo atingir de objectivos individuais e colectivos, cria um ciclo virtuoso de alegria e bem-estar, no seio da empresa.

A manutenção da boa capacidade operacional é a base da organização e, como tal, constitui uma importante área de responsabilidade da liderança da empresa.

Mantendo a boa capacidade operacional, registam-se condições para que os colaboradores surpreendam pela positiva e... sejam excelentes!

Equipa - Racional			
Nível 5: Melhorar continuamente	As escolhas inerentes à Estratégia da organização são continuamente colocadas em causa pela direcção da empresa, procurando analisar diferentes perspectivas e possibilidades. A cultura da empresa é consolidada através de uma comunicação eficaz e permanente que se manifesta nas palavras e nas acções, elevando os níveis de serviço.	Ferramentas, fluxos de produção e cadeia de tarefas são revistos continuamente no sentido de aumentar a sua produtividade e assegurar a adequabilidade aos processos produtivos. A monitorização da qualidade envolve recursos internos e externos à organização, sob diversas perspectivas e aproveitando ao máximo as economias de experiência.	As considerações relativas à realização pessoal e compensação material são efectuadas para assegurar a articulação eficiente com a definição de objectivos individuais e colectivos. O alinhamento entre todos é uma preocupação constante e asseguram-se processos de elevação da qualidade global, quer através da comunicação, quer através da formação.
Nível 4: Foco na fiabilidade	A liderança da organização assegura uma vigilância permanente relativamente às circunstâncias internas e externas sobre as quais a empresa evolui. A empresa prepara-se continuamente para as adversidades e para as oportunidades. A comunicação é fluída fazendo com que as adaptações a efectuar sejam entendidas e enquadradas com os objectivos a atingir.	A qualidade e a velocidade dos processos assenta em metodologias de monitorização e controle. A implementação de alterações é efectuada de forma célere e eficaz, assente numa comunicação fluída no seio da organização. A qualidade do produto final é enaltecida pelos clientes e existe capacidade de surpreender pela positiva.	A organização assegura que os objectivos a atingir estão de harmonia com a capacidade operacional da empresa e devidamente considerados os aspectos motivacionais dos colaboradores. A comunicação organizacional é actuante no domínio do passado (resultados parciais) e do futuro (efeito motivador). Aumentos de intensidade são possíveis em função das necessidades produtivas.
Nível 3: Modo visual	Observa-se uma consciência generalizada nos colaboradores relativamente aos objectivos da organização, modelo de satisfação das necessidades dos clientes e pontos de força e fraqueza face à concorrência. Os planos de acção são conhecidos por todos e consultados sempre que necessário.	Observa-se que a estrutura se revela adequada e adaptada à Estratégia, com uniformidade de processos e reduzida ocorrência de erros e reclamações. São criados suportes de apoio à correcta execução dos procedimentos. A comunicação no seio da empresa é facilitada e os processos apresentam-se velozes.	Os objectivos colectivos, individuais e de alinhamento são conhecidos e consultados por todos. Os mecanimos de monitorização estão disponíveis para consulta e o acompanhamento dos resultados é regular e eficaz na detecção de necessidades correctivas. A ocorrência de erros de execução é registada e cada tipo de erro é devidamente catalogado.
Nível 2: Foco no básico	A direcção da organização tem consciência do modelo de serviço pretendido e este considera, quer a satisfação das necessidades dos clientes, quer o posicionamento da concorrência. As ideias e objectivos são comunicados aos funcionários e existem planos de acção elaborados para orientação das acções desenvolvidas.	Pessoas, instalações, equipamentos e ferramentas, são adequados para a prossecução da estratégia da organização. São devidamente definidos os processos de trabalho e uniformizam-se práticas. Consolida-se a ligação de toda a estrutura entre si, quer por meio de crescente organização e método, quer pela via da comunicação.	São previamente definidos os objectivos a atingir num determinado período de tempo. São definidos objectivos, colectivos, individuais e de alinhamento. São criados mecanismos de monitorização e acompanhamento dos resultados parciais permitindo que ocorram acções correctivas no decurso da execução dos trabalhos.
Nível 1: Começando	Não existem planos específicos para as acções desenvolvidas. As ideias e objectivos da organização são percepcionados de forma diferente de funcionário para funcionário. Existe uma parca consideração das circunstâncias e conjuntura sobre a qual a actividade é desenvolvida.	Os componentes da Estrutura da empresa apresentam-se pouco ligados entre si e não têm em conta a prossecução de uma Estratégia. Os processos de trabalho não são uniformes e surgem demasiados erros e reclamações. O grau de liberdade conferido pela estrutura pode não ser adequado à realidade da organização.	Os resultados atingidos no fim de um determinado período de tempo não são comparados com um quadro de objectivos a atingir. As acções são desenvolvidas em função dos objectivos individuais de cada funcionário e nem sempre têm enquadramento nos objectivos colectivos da organização. De um modo geral não existe preocupação pelo desempenho colectivo.
Colocar uma marca amarela assinalando o nível de desempenho Racional de cada área	**Estratégia**	**Estrutura**	**Execução**

Figura 43 - Equipa: Racional

2.4 COMUNICAÇÃO

Comunicação

Estratégia, Estrutura e Execução são a parte racional de qualquer Equipa.

A Comunicação é o primeiro elemento emocional, na construção da Equipa.

Ao nível emocional, são múltiplos os aspectos que influenciam a interacção entre os funcionários de uma empresa. A cultura do povo, a cultura da empresa, a faixa etária dos colaboradores, ramificações hierárquicas, e/ou níveis de responsabilidade, todos podem condicionar o comportamento emocional da organização.

No entanto, existem alguns aspectos que têm impacto emocional na organização, e a sua abrangência no desempenho da Equipa não depende da cultura do povo, da zona geográfica do globo onde a organização recruta elementos, ou de qualquer factor externo ao ser humano.

Existem factores emocionais que estão presentes em qualquer Equipa, qualquer que seja a sua origem étnica, geográfica, académica ou profissional.

Os principais factores emocionais, que condicionam o desempenho de uma Equipa, são a Comunicação, o Empenho e a Entreajuda.

Para todos nós, é mais fácil abordar os temas racionais, do que aprofundar os temas emocionais.

Habitualmente, quando aprofundamos os temas emocionais, acabamos por racionalizar o nosso pensamento!...

A verdade é que a forma como estruturamos o pensamento emocional, depende de um conjunto complexo de variáveis. Estas variáveis, além de mutáveis em função das circunstâncias, são também dependentes do vasto conjunto de experiências que cada ser humano possui.

Cada ser humano é um mistério por descobrir.

Neste contexto, os fluxos emocionais no seio das empresas são algo que, de certa forma, se pode caracterizar pela existência de alguma falta de controlo.

É comum atribuir-se às chefias a responsabilidade pela existência, ou inexistência, de bons ambientes de trabalho.

Não sendo uma responsabilidade exclusiva das chefias, é verdade que são as chefias quem determinam muitas das regras explícitas, e implícitas, sobre as quais a Equipa evolui. Consequentemente, a chefia permite, proíbe, estimula ou inibe comportamentos entre as pessoas. Para todo o ser humano, alicerces como o respeito e a dignidade não podem ser postos em causa, sob pena de se deteriorar a qualidade dos relacionamentos. Para todo o ser humano, a expressão dos seus talentos eleva a sua auto-estima.

Muitas vezes, as empresas procedem deliberadamente, no sentido de ignorar a vertente emocional da organização. Assumem que o funcionário tem de ser sempre "profissional", mantendo uma postura "exemplar", independentemente dos problemas pessoais que o possam afligir.

Neste tipo de organizações, as pessoas tendem a manter uma postura de maior frieza e distância entre si. Perdem "proximidade". Perdem capacidade de empatia, de compreensão e de compromisso. Mantêm relacionamentos por interesse mútuo.

O envolvimento das pessoas numa actividade pode ser forçado, ou voluntário.

Quando o envolvimento é forçado, a ausência de vontade de fazer, por parte do participante, não conduz à obtenção de bons resultados.

Apenas o envolvimento voluntário pode catapultar os resultados de uma empresa.

O ser humano tem tendência para se acomodar, para actuar dentro das suas zonas de conforto, para evitar correr riscos ou fazer esforços que considera desnecessários.

Esta faceta coloca uma barreira no nível de resultados que é possível obter.

Esta barreira tem de ser removida.

Normalmente, é positivo que exista uma energia de obrigatoriedade á participação, e uma forte orientação para a obtenção de resultados, de modo a que o participante mobilize mais energia na tarefa, do que aquilo que faria normalmente.

Acompanhando esta obrigatoriedade de participação, com os motivos pelos quais se fazem as acções, assinalando o significado e propósito da empresa, atingimos o sentido voluntário do participante, e posicionamos a Equipa para os desempenhos de excelência.

A excelência, dos desempenhos em equipa, só é possível quando os participantes contribuem, activamente, com propostas de acção, e com acções criativas.

Esta participação dos membros da organização eleva a capacidade do grupo, para além dos níveis que a direcção podia considerar como possíveis.

E assim se realiza o "impossível"…

Nas empresas, simplesmente racionais, existem graves défices de comunicação, e os desempenhos raramente são de excelência.

A comunicação é verdadeira quando as opiniões divergentes são estimuladas, e a confiança é grande.

Respeito, mente aberta, união e cooperação. Participação e compromisso. Pessoas diferentes, objectivos comuns!

Nas empresas simplesmente racionais, ao invés de existir comunicação, existe informação!

Atente-se na diferença entre informação e comunicação:

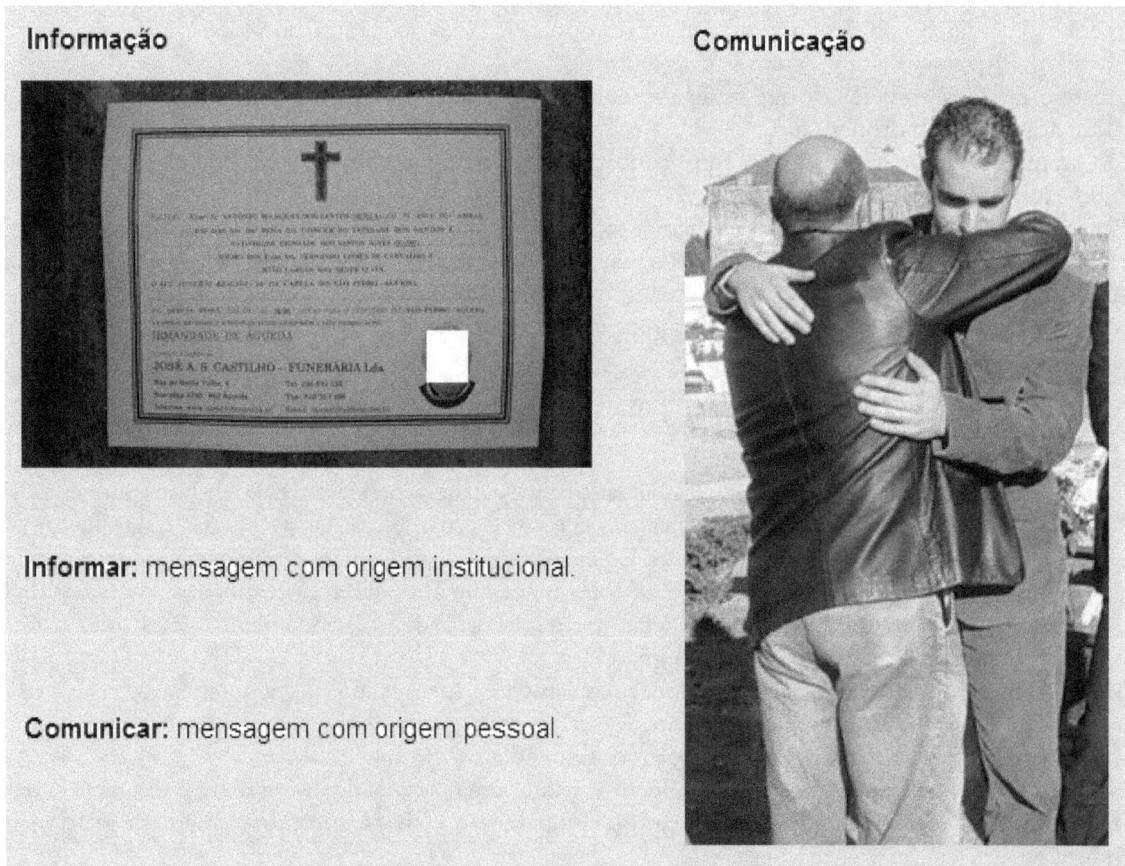

Figura 44 - Informação vs Comunicação

Informar é um processo essencialmente unidireccional.

Comunicar é um processo bidireccional.

Quando a empresa alicerça os relacionamentos interpessoais, em processos de informação, as pessoas tendem a olhar, ouvir e falar.

Mas, olhar nem sempre significa ver, ouvir nem sempre significa perceber, e falar nem sempre significa dizer.

Comunicar implica observar, escutar e expressar.

Comunicar implica que se seja autêntico.

Genuíno na forma como se sente e toca as outras pessoas.

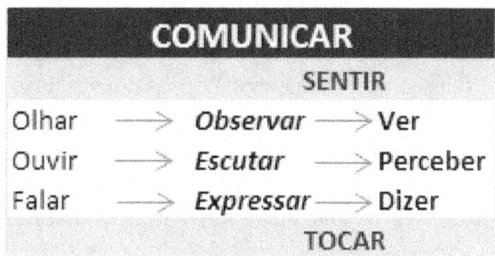

Figura 45 - Comunicar: sentir, tocar

Para que a comunicação seja fluída, no seio da organização, é preciso que aconteça de forma espontânea. Para isso, é preciso que exista uma preocupação natural com os outros colegas, e exista um à vontade global para ajudar e ser ajudado.

A comunicação implica partilha!

A comunicação é um acto voluntário, que se estabelece de boa-fé.

Normalmente, quando se estabelece comunicação, espera-se que ocorra uma acção de retorno.

Comunicar é importante para o desempenho de excelência, de qualquer Equipa.

Numa organização, as chefias hierárquicas assumem uma importante responsabilidade, no sentido de criar unidade.

Figura 46 - Comunicação: unidade, diversidade

As chefias assumem uma importante responsabilidade, no sentido de criar diversidade. Para tal, necessitam de exibir uma elevada capacidade de escuta, perante os seus subordinados.

"A criatividade assenta na fusão da intuição e da razão."
Jonas Salk

Todos temos capacidade criativa.

Para que a capacidade criativa se manifeste, as pessoas têm de sentir que não estão sob ameaça (de perder o emprego, de cair no ridículo, de ser ofendidas, etc). Só assim, se cria um ambiente propício à inovação e á revelação das suas capacidades criativas, e/ou dos seus talentos, em todo o seu esplendor. As pessoas têm ainda de desejar fazê-lo. Têm de sentir que as suas ideias podem ser aceites, e sentir que têm liberdade de expressão para as afirmar.

Boa-fé, respeito e dignidade são as palavras-chave no compromisso da organização, pela excelência na comunicação.

Só através da comunicação pode ocorrer a libertação da criatividade, e a manutenção da capacidade de surpreender pela positiva.

Há que comunicar para ser excelente!

A explosão de criatividade surge quando a base da organização comunica para o topo, apresentando propostas diversas, sobre diferentes aspectos, e com as mais variadas perspectivas e abordagens.

A comunicação estabelecida, nos dois sentidos, enriquece e fortalece a empresa.

A eficácia na comunicação é extremamente difícil de conseguir.

Raramente, aquilo que pensamos dizer é exactamente aquilo que conseguimos dizer. Logo aqui, há uma perda entre o que sentimos e o que conseguimos comunicar.

Na maioria dos canais de comunicação a que recorremos, surgem frequentemente "ruídos", que impedem que a mensagem seja entendida, tal como foi proferida.

Por último, o destinatário percebe a mensagem "à sua maneira". "À sua maneira" porque a interpretação que cada um de nós faz do que vê e ouve, depende do nosso próprio referencial individual, e este é fruto do resultado da acumulação de experiências e conceitos adquiridos ao longo do tempo, e difere de pessoa para pessoa.

A capacidade de expressão do emissor, e a capacidade de escuta do receptor, condicionam a eficácia da comunicação. As diferenças entre ambos, ao nível das referências e simbologias pessoais, fazem com que a interpretação da mensagem varie entre os intervenientes, no processo de comunicação.

O que é pensado pelo emissor, é, quase sempre, diferente do que é percebido pelo receptor.

Figura 47 - Eficácia na comunicação

Para existir comunicação, emissor e receptor têm de trocar de posições muitas vezes, intermitente e frequentemente.

Numa organização, as chefias têm de afirmar, e/ou expor os seus princípios e pontos de vista, e ser capazes de escutar os colaboradores, colocando questões como:
- Quais são as vossas sugestões?
- Qual é a tua opinião?
- Porque razão consideras essa solução?

Um bom comunicador tem grande capacidade em expressar as suas ideias e opiniões, e muita humildade para aprender com as outras pessoas: escuta atentamente, compreende e aprende com o que a acabou de perceber.

Qual é o maior inimigo da comunicação?

O preconceito.

Os preconceitos são inimigos da comunicação. Cuidado com os conceitos que tem. Ainda que eles possam ter tido aplicabilidade no passado, o futuro apresentará, muitas vezes, uma realidade diferente.

Será que o nosso conceito ainda se aplica?

No nosso dia-a-dia, tomamos decisões e fazemos acções no pressuposto de que são a melhor opção que temos, face à informação disponível. Parte da "informação disponível" são os preconceitos que temos. É aquilo que pensamos ser verdade. Perante as circunstâncias presentes, aquilo em que acreditamos, como sendo verdade, determina a nossa forma de comunicar. Muitas vezes, estamos tão certos de ter razão que dispensamos a nossa capacidade de observar, antes de decidir e agir. Deixamos de recolher informação adicional.

Falamos para o nosso filho, sem reparar que está a ouvir música com os auscultadores colocados…

A melhoria da comunicação, no seio de uma organização, passa pelo desenvolvimento de uma cultura de diálogo e partilha.

Este desenvolvimento tem que ser assente num conjunto de práticas estruturadas, de modo a que a comunicação aconteça de forma espontânea, voluntária, rotineira e obrigatória!

Pode parecer uma contradição afirmar que a comunicação deve ser voluntária e obrigatória. Voluntária, porque tem de surgir da vontade das pessoas. Obrigatória, porque tem mesmo de acontecer! Precisamos de ter a noção de obrigatoriedade para exigirmos a nós próprios, e aos outros, um conjunto de comportamentos, atitudes e resultados.

Não pode haver excelência sem exigência. Apenas temos de garantir que a exigência se processa de forma adequada e saudável.

As práticas de desenvolvimento da comunicação têm de considerar os seus aspectos formais:

- Ambiente, onde se desenvolve o processo;
- Meio de comunicação utilizado;
- Canal de propagação da mensagem;
- Forma da mensagem.

Consoante a cultura da organização, e as suas próprias especificidades internas, assim se deve tentar encontrar as formas mais adequadas para fomentar a comunicação, no seio da empresa. Um determinado formato, meio de comunicação e canal de propagação, pode ser adequado na mesma empresa num determinado momento, e não o ser noutra circunstância diferente.

A liderança das empresas deve perceber, tanto quanto possível, qual o grau de liberdade que existe na organização: liberdade de expressão, liberdade de decisão, liberdade de acção.

Compreendendo o grau de liberdade das pessoas em conjunto, é preciso questionar a que níveis se exibem algumas capacidades, no topo e na base da empresa:

- Capacidade de escuta;
- Capacidade de debate construtivo;
- Capacidade de encontrar soluções conjuntas.

Não existe confiança mútua sem proximidade. Não existe proximidade emocional sem empatia, compreensão ou compromisso.

Fomentar a confiança mútua, é tornar a empresa um bom sítio para se estar.

Consegue-se através da melhoria de todo o processo de comunicação.

Figura 48 - Comunicação, esquema geral

De que modo podemos potenciar a comunicação na empresa?

Adiante, veremos como a manutenção do Suporte Estruturado da Informação, e o processo de Simplificação Focalizada, vêm contribuir para elevar a Comunicação no seio da empresa.

2.5 EMPENHO

Empenho

Como obter empenho total de toda a organização?

Não é uma pergunta de resposta fácil.

A tarefa fica-nos um pouco mais facilitada, se começarmos por identificar as causas pelas quais as pessoas não se empenham.

Algumas razões para as pessoas não se dedicarem à execução das suas funções e tarefas, são as seguintes:

- Comodismo;
- Indiferença;
- Desmotivação.

Comodismo

Para cada um de nós é muito confortável, e apetecível, obter o que precisamos sem necessidade de esforço da nossa parte.

Este é um dos principais motivos da falta de empenho. É inerente à natureza humana, a adesão à "lei do menor esforço".

No passado, as chefias compreenderam esta faceta nos seus subordinados, e inventaram o chicote!...

A atitude de preguiça, não sendo aceitável, tem de ser compreendida e combatida.

As atitudes de falta de empenho surgem, muitas vezes, como uma forma de manifestação de situações de falta de confiança. A pessoa procura fazer o menos possível, para não se expor à crítica dos outros.

Temos uma promoção tipo 2 em 1: torna-se cómodo não ter de se esforçar, e esta atitude ainda vem "premiada" com a protecção face à crítica...

Quando o comodismo surge como consequência de uma situação de falta de confiança, da parte do colaborador, é preciso proporcionar ao colaborador um ambiente propício para salientar as suas potencialidades, e aumentar a sua segurança na execução das tarefas.

Nestes casos, é preciso ter consciência que a transição, de um estádio de comodismo para um estádio de dedicação, requer o percorrer de um percurso, cuja duração será relativamente longa.

Nos outros casos, aqueles em que o comodismo está suportado na "lei do menor esforço", em que o trabalhador considera suficiente ter o seu salário garantido, sem se importar com algo mais, é preciso criar na pessoa uma disciplina própria. Desenvolver uma cultura de progresso e crescimento pessoal.

Indiferença

A indiferença é inimiga do empenho. Sendo menos frequente que o comodismo ou a desmotivação, a indiferença é extremamente difícil de combater.

A indiferença significa uma profunda desvalorização do trabalho. Distingue-se do comodismo, embora ambos aconteçam de forma consciente.

Enquanto no comodismo o trabalhador procura fazer o menos possível, na indiferença o trabalhador desvaloriza o seu trabalho e o do grupo, atribuindo-lhe o mesmo valor, qualquer que seja o esforço produzido ou o resultado final.

Alterar o comportamento dessas pessoas, implica perceber o que é por elas valorizado. Implica perceber qual ou quais as funções e tarefas às quais atribuem significado.

Desmotivação

A desmotivação será a principal causa da falta de empenho.

A desmotivação distingue-se da indiferença, porque o individuo desmotivado valoriza o seu trabalho.

O individuo desmotivado não está, de momento, a obter satisfação com o seu trabalho.

A desmotivação pode ter um conjunto variado de causas, mas existem algumas que têm origem directa na organização:

- Chefias, e/ou colegas, que criticam, e/ou ridicularizam, os outros colaboradores injustificadamente;
- Definição de objectivos percepcionados como inatingíveis;
- Execução de tarefas sucessivamente "sabotadas", por factores externos ao indivíduo (como por exemplo: quando intermitentes falhas de corrente eléctrica impedem uma fábrica de laborar, por diversas vezes ao longo de um mês);
- Sentir que o esforço desenvolvido não é suficientemente recompensado;
- Atribuição de tarefas desajustadas, que obrigam o funcionário a sentir que é forçado a fazer algo que não gosta (por exemplo: atribuindo ao director de recursos humanos a responsabilidade de escolher seis funcionários para despedir, pela simples necessidade de reduzir custos);
- Sentir que tem de fazer algo com o qual não concorda (como ter de vender pasta de dentes a desdentados).

A desmotivação é diferente do comodismo, porque o individuo desmotivado até pode desenvolver esforçadamente o seu trabalho, mas executa-o sem alegria e com um desempenho abaixo das suas potencialidades.

Para obter empenho dos colaboradores, temos de combater o comodismo, a indiferença e a desmotivação e promover a alegria.

Num grupo de trabalho, temos de obter o empenho de todos, satisfazendo as necessidades individuais de cada um.

No capítulo de "Introdução" vimos que os comportamentos das pessoas são condicionados por uma moldura cultural (aquilo em que acreditamos, hábitos, práticas e tradições), e por uma tela de motivações individuais (dinheiro, poder, reconhecimento, realização pessoal, segurança, prazer, independência/autonomia e outras necessidades).

Para motivarmos as pessoas para a acção, é preciso que se construam alicerces seguros: definir bem o que se pretende alcançar, e criar um ambiente sólido de confiança e disciplina.

Criar nos colaboradores o sentimento de identidade cultural, atribuindo significado e propósito às suas acções individuais e à actividade da empresa, numa união de valores partilhados.

Reconhecemos o empenho quando verificamos que a pessoa deu o melhor de si próprio, com dedicação, determinação e intensidade.

Esta intensidade tem de ter uma perpetuidade temporal. Implica ter a paciência para atingir o resultado pretendido, e a persistência para ultrapassar as dificuldades que vão surgindo, acreditando sempre com uma fé inabalável.

Quando há empenho, há concentração e objectividade.

Numa organização, para que existam funcionários empenhados, estes têm de sentir que fazem parte de algo grandioso. Reconhecem e são reconhecidos. Fazem o caminho em conjunto, passo a passo. As distâncias, mais longas, são atingidas depois de se ultrapassarem os obstáculos mais próximos. Lembram-se as derrotas como os erros que aconteceram quando tentámos acertar. Celebram-se devidamente as vitórias.

O empenho não é fruto do acaso.

O empenho de uma Equipa é o resultado de um racional bem concebido (ao nível da Estratégia e da Estrutura), e bem comunicado, que permite que os comportamentos das pessoas evoluam naturalmente, no sentido da satisfação das suas necessidades individuais.

A manutenção dos níveis de empenho é consequência directa da capacidade da empresa para satisfazer a tela de motivações individual, no respeito da moldura cultural que cada pessoa possui.

Em suma, podemos afirmar que para a organização conseguir o empenho dos seus funcionários, precisa de criar condições para o desenvolvimento pessoal, com o exercício de tarefas às quais o trabalhador atribui verdadeiro significado, na prossecução de objectivos individuais e colectivos, levando cada trabalhador a sentir que ali é o seu lugar.

Uma organização empenhada tem, necessariamente, uma cultura bem definida.

É preciso estar sempre atento às situações que possam despoletar a desmotivação, a indiferença e o comodismo. Quanto maior o nível de comunicação no seio da empresa, maior a possibilidade dessas situações serem atacadas em fases precoces, e maior a capacidade disciplinadora da organização. As pessoas fazem o que precisam fazer, porque o querem fazer. As pessoas colocam intensidade nas suas acções, porque querem atingir os seus objectivos.

As pessoas estarão empenhadas, porque sentir-se-ão confiantes nas acções que desenvolvem, e ficarão satisfeitas com os resultados que obtiverem.

Estar empenhado significa ser recompensado, quer ao nível material, quer ao nível emocional.

Uma organização empenhada tem uma vantagem competitiva significativa.

2.6 ENTREAJUDA

Entreajuda

Ajudar e ser ajudado.

A entreajuda surge quando existem objectivos colectivos, comuns a duas ou mais pessoas.

No entanto, a identificação de objectivos colectivos comuns não é suficiente para que se verifique a entreajuda entre as pessoas. É preciso que exista uma condição mínima de confiança entre as partes, e vontade sincera de contribuir para o bem-estar das outras pessoas.

A confiança surge da sucessão de respostas positivas, que cada elemento vai dando aos outros, correspondendo às expectativas.

A confiança tem um valor imenso, que deve ser sublinhado.

Consequentemente, as acções, que possam conduzir à quebra de confiança entre os elementos da organização, têm de ser eliminadas completamente, ou reduzidas o mais possível.

Confiando uns nos outros, somos um recurso.

Confiando uns nos outros, temos mais recursos dentro da empresa.

As pessoas concentram-se no que os colegas fazem bem, pedem ajuda e aprendem com eles.

Cada trabalhador valoriza-se, e é valorizado.

A qualidade é preferível à quantidade. É desejável que cada funcionário se mantenha activo, atento e disponível. Visível para os colegas, sendo responsável e competente.

Da interacção entre as pessoas acaba por emergir um sentimento natural de gratidão.

Gratidão saudável que não precisa de retorno imediato.

A confiança mantém-se, desde que permaneçam os comportamentos de honestidade, nos quais cada pessoa é autêntica nas acções, genuína nas reacções e profissionalmente competente. O respeito mútuo acaba por se consolidar.

A primeira palavra-chave para a entreajuda é a confiança.

Numa organização onde as pessoas confiam nas capacidades umas das outras, têm objectivos colectivos bem identificados, e estão dotadas da capacidade de comunicarem eficazmente entre si, a entreajuda será uma realidade. Existirá vontade de ajudar, e sentir-se-ão à vontade para pedir ajuda.

Este desígnio pode ser perturbado pelo conflito de interesses, movido pela ambição individual desmedida.

Frequentemente, quem pretende chegar ao poder, desvaloriza o trabalho dos seus pares, realça o pouco que faz perante as chefias, e esconde informação que poderia facilitar o trabalho dos colegas.

Ao praticar estas acções, vai minar a confiança do grupo.

A confiança é abalada, não só no relacionamento deste indivíduo com os outros colegas, como também entre os restantes trabalhadores, que passam todos a adoptar uma postura de defensiva e contra-ofensiva.

A entreajuda torna-se uma miragem.

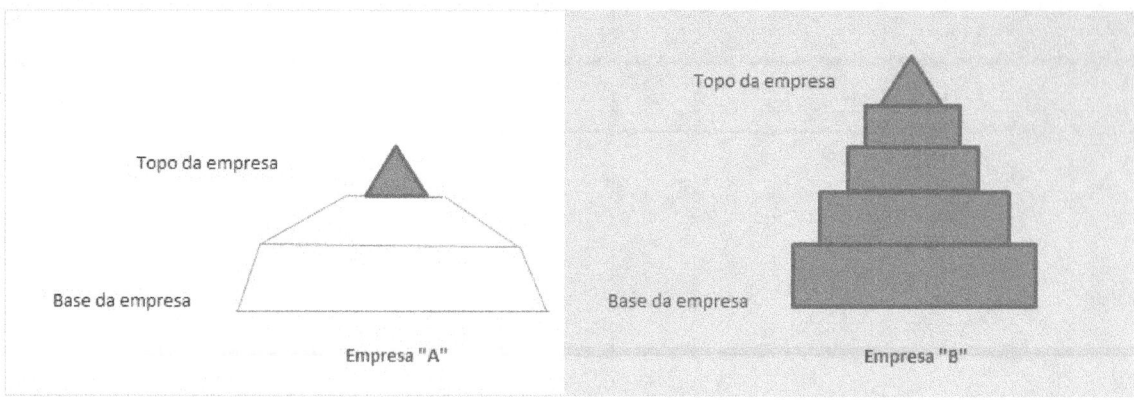

Figura 49 - Empresa, da base para o topo

Em que empresa preferia estar?

As atitudes negativas e individualistas serão mais frequentes na empresa "A", ou na empresa "B"?

Nas empresas, com maiores níveis de hierarquias intermédias, existe uma tendência natural para que os colaboradores privilegiem a sua visão do objectivo individual de progressão na empresa. Este efeito, é menor nas organizações hierarquicamente mais "achatadas".

As pessoas na empresa "B" estão muito longe do topo da empresa. Sentem uma maior necessidade de se fazer notadas. O topo parece tão inacessível que é melhor começar já a fazer por lá chegar... E nem sempre se utilizam os meios correctos.

O aumento da competição individual torna as pessoas mais individualistas, nas suas acções diárias.

Na empresa "A", as pessoas estão mais próximas e são mais "iguais". Tratam-se naturalmente com outro tipo de abertura. A entreajuda surge com muito mais força, e toda a organização tira proveito desse facto.

A luta pelo poder, ou pela promoção, não será tão acérrima.

Perante recursos de idêntico potencial, a empresa "A" adquire uma importante vantagem competitiva, tornando-se mais eficiente e, a prazo, com muito maior capacidade de inovação.

A entreajuda na organização depende dos seguintes factores:

- Confiança dos colaboradores nas suas capacidades, e nas dos seus colegas;
- Identificação dos objectivos colectivos;
- Eficácia da comunicação organizacional;
- Complexidade das estruturas hierárquicas definidas.

Numa empresa onde as pessoas estão empenhadas no exercício das suas funções, e quando esse esforço individual é complementado pela entreajuda colectiva, a organização estará no trilho do sucesso.

Equipa - Emocional			
Nível 5: Melhorar continuamente	Fomenta-se a cultura de diálogo e partilha. Abominam-se os preconceitos e estimulam-se os comportamentos de boa-fé, respeito e dignidade como um compromisso da organização pela excelência na comunicação.	Estimula-se o nível de comunicação de modo a que as situações de falta de empenho sejam atacadas precocemente, procurando devolver a confiança e a intensidade à execução. Criam-se continuamente condições para o desenvolvimento pessoal dos colaboradores, procurando que as tarefas sejam plenas de significado para o executante.	A forma como a comunicação flui entre estruturas hierárquicas e departamentais é continuamente avaliada no sentido de assegurar a entreajuda e a partilha de objectivos comuns. A competência no exercício das tarefas é continuamente assegurada e divulgada de modo a promover a cooperação na prossecução dos objectivos individuais e colectivos.
Nível 4: Foco na fiabilidade	O canal e a forma das mensagens é cuidado, facilitando a interpretação e a compreensão. Estimula-se a confiança mútua nas relações profissionais. Garante-se um caracter global de obrigatoriedade na adesão à participação nos processos de comunicação no seio da empresa.	Os mecanismos de recompensa individual e colectiva são revistos sempre que revelam perda de eficácia. A atribuição de tarefas é ajustada e os factores externos de "sabotagem" são eliminados.	As pessoas concentram-se no que os colegas fazem bem e aprendem com eles. A comunicação é facilitada e estimulada. Qualquer acção que possa conduzir à quebra de confiança entre os membros da organização é alvo de acção disciplinadora imediata.
Nível 3: Modo visual	A liberdade de expressão é estimulada em toda a empresa de modo a que a criatividade de todos possa ser aproveitada a favor do interesse comum. São desenvolvidas acções de iniciativa individual a favor do colectivo, existindo a prática da divulgação da informação e partilha de conhecimento.	Observa-se uma intensidade e alegria no trabalho que se situa a um nível elevado. É frequente a ocorrência de manifestações de surpresa positiva por parte dos clientes perante o resultado final do serviço prestado. A estratégia da empresa é bem comunicada e a estrutura é sentida como sendo adequada. Há satisfação global pelos resultados obtidos.	É visível a manifestação de confiança entre funcionários, sendo frequente a interacção no exercício de tarefas. Existem objectivos colectivos bem identificados e articulados com os objectivos individuais. Cada funcionário mantém-se activo, atento e disponível no seio da empresa. Existe evidente proximidade e equidade nos relacionamentos.
Nível 2: Foco no básico	A informação importante é divulgada através de diversos meios de comunicação e pode ser consultada por iniciativa dos funcionários. Promove-se a proximidade e estimula-se a confiança mútua através de debates construtivos sobre temas do interesse da empresa. Os relacionamentos ocorrem frequentemente por interesse mútuo.	O propósito e o significado das acções da empresa são compreendidos e aceites pelos colaboradores. A prossecução dos objectivos individuais e colectivos assenta em mecanismos adequados de recompensas materiais e pessoais. As recompensas emocionais são consideradas e atribuídas.	Definem-se objectivos comuns entre os funcionários e criam-se condições para que se estabeleça uma comunicação eficaz entre as partes. A complexidade da estrutura hierárquica é tão reduzida quanto possível, fomentando a proximidade e a equidade dos relacionamentos.
Nível 1: Começando	Os funcionários são informados do que se considera ser importante via estrutura hierárquica, sem grandes preocupações em explicar o porquê das coisas. As chefias definem o que se deve fazer, quando e quanto. As opiniões dos funcionários da base da empresa não são tidas em consideração. Os relacionamentos ocorrem essencialmente por interesse pessoal.	Comportamentos de comodismo, indiferença e desmotivação podem ser observados na organização. Existem objectivos percepcionados como inatingíveis. A concentração e a objectividade não estão sempre presentes nas acções desenvolvidas. Raramente o cliente se manifesta positivamente surpreendido pela empresa.	Os funcionários assumem um comportamento dominante de prossecução dos seus objectivos pessoais, sem atribuir importância aos desempenhos dos seus colegas. A necessidade de recurso a um colega no desempenho de uma tarefa é algo por vezes desagradável e que se procura evitar.
Colocar uma marca amarela assinalando o nível de desempenho Emocional de cada área	**Comunicação**	**Empenho**	**Entreajuda**

Figura 50 - Equipa: Emocional

A importância da cultura na empresa

Existem múltiplos estudos centrados sobre a importância da motivação dos colaboradores, para o sucesso empresarial.

"A emoção bem dirigida parece ser o sistema de apoio, sem o qual o edifício da razão não pode funcionar eficazmente."
António Damásio

Numa altura em que, com relativa facilidade, se verifica que a máquina substitui o homem em muitas tarefas, a dificuldade de controlo dos aspectos emocionais, é hoje um dos maiores desafios que se apresentam aos líderes das organizações.

Frequentemente, a mesma tecnologia está ao alcance da sua empresa, e de toda a concorrência.

O mesmo já não acontece com a capacidade de controlo emocional da organização.

Independentemente da maior ou menor capacidade comunicacional dos seus líderes, as empresas que implementarem mecanismos simples, que fomentem a interacção saudável entre os seus membros, darão passos significativos, no sentido de obter esse controlo.

A força emocional do colectivo, de qualquer Equipa, assenta nestes três aspectos fundamentais: Comunicação, Empenho e Entreajuda.

Quando o racional e o emocional estão desenvolvidos no seio da organização, a dinâmica de sucesso da Equipa é permanente e natural.

A empresa é um bom sítio para se estar.

A cultura da empresa é a cola aglutinadora que une o Racional e o Emocional de uma Equipa.

Perceber a cultura da empresa, obriga-nos a perceber as emoções na empresa.

António Damásio, no seu livro "O sentimento de Si", demonstra que a emoção, não consciente, produz resultados sob a forma de acções e comportamentos. Demonstra, também, que as acções produzidas são proporcionais ao valor emocional das recompensas recebidas.

Diversos cientistas demonstraram que as preferências do ser humano podem ser aprendidas não conscientemente, e de forma muito rápida.

António Damásio explica como a consciência e a emoção não podem separar-se no ser humano.

Mas, a seguir às emoções sucedem-se os sentimentos. O sentimento é o organismo a tomar consciência das suas emoções. Emoções positivas consistentes ditam sentimentos de fundo positivos, os quais ditam acções consistentes positivas, alicerçadas num cenário geral de bem-estar.

E o inverso também pode ser verdade, se na empresa abundarem registos emocionalmente negativos.

As emoções estão na base dos comportamentos. Segundo Damásio, a cultura expressa-se na forma como o ser humano se comporta durante, e após, o desenrolar de uma emoção.

Perante a emoção, o organismo pode evoluir de formas diferenciadas.

Quando se desencadeia uma emoção, podemos ter uma acção resultante de um comportamento automático, cuja percepção pode tornar-se consciente (como acontece, por exemplo, quando somos assustados e adoptamos de imediato uma posição defensiva, de fuga ou de contra-ataque).

Quando se desencadeia uma emoção, esta pode consolidar-se num sentimento e este, por sua vez, irá conduzir à ocorrência de estados motivacionais conscientes, e ao desenvolvimento de pensamentos.

As emoções de fundo como a fadiga, o desânimo, o entusiasmo, a calma, a tensão, a esperança e outras, manifestam-se internamente. Arrastadas no tempo, acompanhadas pelos consequentes sentimentos, consolidam os estados de espírito do ser humano (habitualmente designados por humores).

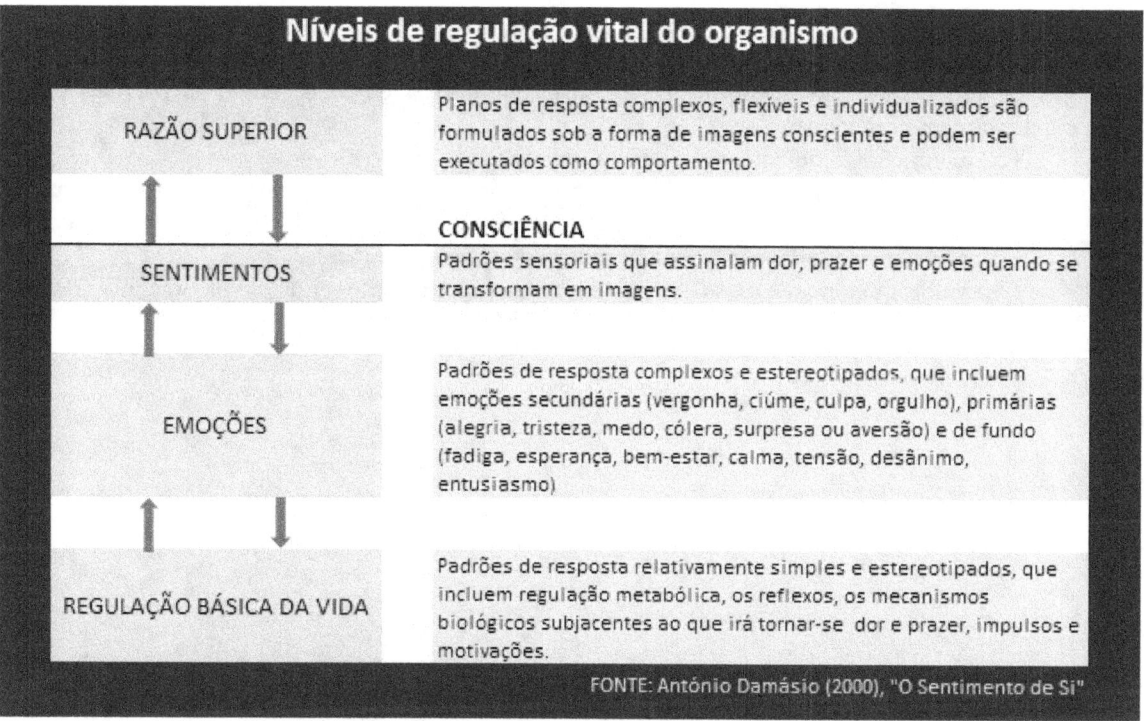

Figura 51 - Níveis de regulação vital do organismo

A empresa será um bom lugar para se estar, quando as emoções positivas dominam o íntimo dos colaboradores, e as suas acções serão a expressão desse sentir.

Em termos comportamentais, a dinâmica individual afecta a dinâmica do grupo.

O que é a cultura?

A cultura regista complexidade idêntica à estratégia, no que respeita à concretização de um conceito, com diversos autores a atribuírem diferentes definições para o termo.

Uma definição, mais ou menos consensual para o conceito de cultura empresarial, pode ser a seguinte: a cultura da empresa é o conjunto de bens materiais (máquinas, regras, leis, etc), e de elementos não materiais (valores, crenças, conhecimentos, etc), que reflectem a especificidade da organização no seu modo de pensar, agir e sentir.

Existe identidade cultural quando as pessoas têm um sentimento de pertença à organização. E isto, só é possível quando existe um conjunto de valores partilhados entre o individual e o colectivo, e as palavras são traduzidas em actos, de forma consistente e harmoniosa com esse conjunto de valores.

A cultura da empresa vai aglutinar racional e emocional, tornando consistentes acções padronizadas e comportamentos espontâneos, em desejável harmonia.

A cultura da empresa vem definir padrões comportamentais, e estes autorizam as pessoas a comportarem-se de um determinado modo.

Organizar o pensamento ajuda a organizar o comportamento.

Uma estratégia correcta, e bem comunicada, explica à organização o propósito e o significado da sua existência. Por inerência, cada colaborador percebe o porquê da sua existência, e qual o alcance do bom desempenho das suas funções. Habitualmente, existe um conjunto de valores emocionais que a empresa abraça, e com os quais o colaborador se identifica.

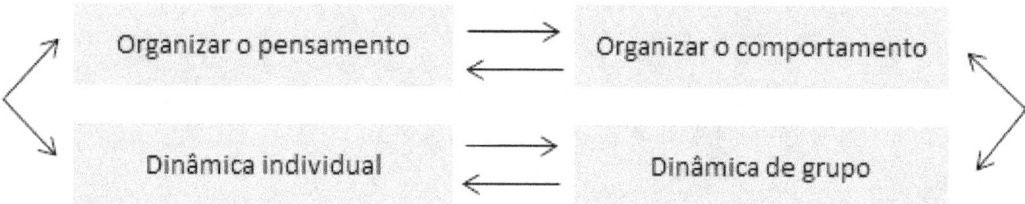

Figura 52 - Organização e dinâmicas

Esta mensagem tem de ser reforçada, e comunicada no seio da empresa. Sinalizada e simbolizada.

Se um determinado conceito faz parte da cultura da empresa, então as palavras e os actos de todos correspondem perfeitamente.

Existe um código de conduta, explícito ou implícito.

A cultura vai dar consistência à Equipa, promovendo a articulação perfeita entre a Estratégia, a Estrutura e a Execução, não sendo permitidos desvios comportamentais, que possam comprometer os valores da empresa.

Há consistência interdepartamental e interpessoal na sua empresa?

Que valores não materiais reflectem o modo de pensar, agir e sentir da sua organização?

2.7 SUPORTE ESTRUTURADO DA INFORMAÇÃO

Suporte Estruturado da Informação

O Suporte Estruturado da Informação é um elemento de ligação entre as áreas racional e emocional, da organização.

Se tivermos construído uma verdadeira Equipa, competente na definição da Estratégia, com uma Estrutura sólida e adequada, determinada na execução das tarefas que conduzem à superação dos objectivos, com uma Comunicação eficaz, com um colectivo forte onde se salienta o Empenho e a Entreajuda, precisamos de assegurar que essa Equipa se mantenha unida e consistente, ao longo do tempo.

A solidez da organização não pode depender dos seus líderes, não pode depender de um colaborador específico, e não pode depender de qualquer factor externo. Se assim for, perecerá!

A manutenção de uma organização sólida depende dos mecanismos que esta tenha tido a capacidade de criar, que induzam aos comportamentos desejáveis em todos os seus membros, presentes e futuros.

Comunicare
Latim: Tornar comum.

Um suporte que permita que a comunicação se estabeleça, com base numa linguagem profissional comum, compreendida por todos.

Um suporte que seja um facilitador das interacções pessoais, e interdepartamentais.

É sempre lamentável quando colegas de trabalho divergem sobre o procedimento "correcto" a adoptar, perante a mesma situação.

Tem-se a percepção de que algo não está bem numa organização, quando recebemos duas respostas diferentes, provenientes de funcionários da mesma empresa, para a mesma questão por nós colocada.

Concorda?

Nestes casos, podemos assumir que um deles é competente, como se fosse, desde logo verdade, que o outro não tivesse a razão do seu lado.

A realidade é que, a maioria das vezes em que estas situações se manifestam, são sintomas da inexistência de um suporte estruturado da informação que permita a comunicação, a consulta e a aprendizagem dos processos internos, de forma expedita no seio da organização.

Os envolvidos até poderão estar ambos errados relativamente ao que a liderança da organização pretende que aconteça!

Haverá deficiências na comunicação.

Para além de serem um sintoma de falta de eficácia da organização aos olhos do cliente, estas situações podem também contribuir para degradar o ambiente profissional, e a motivação individual.

Sobre qualquer prisma de análise, concluiremos que são situações que não devem acontecer, quando se pretende maximizar os recursos humanos e materiais que temos disponíveis.

Os cientistas fizeram uma experiência com cinco macacos.

Colocaram os cinco macacos numa jaula.

No centro da jaula foi colocada uma escada relativamente alta, no cimo da qual, de forma aleatória e intermitente, faziam surgir de quando em quando um apelativo cacho de bananas.

Sempre que um macaco subia a escada para comer as apetitosas bananas, os outros quatro macacos que estavam no solo eram molhados com água através de mangueiras dirigidas pelos cientistas.

Os quatro macacos do solo ficavam encharcados sempre que um macaco subia para se banquetear com as bananas no cimo da escada.

Após algumas ocorrências, sempre que as bananas surgiam no cimo da escada e um macaco começava a subir a escada, os restantes procuravam impedi-lo de subir, agarrando-o e agredindo-o.

Após algumas sessões de pancadaria, os cientistas continuaram a fazer surgir as bananas mas deixaram de molhar os macacos no solo uma vez que nenhum atingia as bananas no cimo da escada.

Fruto deste comportamento do grupo, após mais algumas aparições das bananas, os macacos deixaram por completo de tentar chegar às bananas.

Neste momento, os cientistas substituíram um macaco antigo na jaula por outro completamente novo. Quando o apetitoso cacho de bananas surgiu pela primeira vez para o novo macaco na jaula, este tentou de imediato subir a escada e, também de imediato, os outros quatro agarraram-no e agrediram-no para que não o fizesse.

Dado que nenhum macaco atingiu as bananas os cientistas não molharam qualquer macaco.

Ao fim de pouco tempo, para evitar as agressões, o novo macaco já não tentava atingir as bananas quando estas surgiam no cimo da escada.

Os cientistas substituíram então um dos quatro macacos veteranos e introduziram um novo macaco na jaula. Este novo macaco voltou a passar pelo mesmo processo do anterior: tentou chegar às bananas, foi agredido e deixou de tentar, sem nunca ter sido molhado.

O processo de substituição dos macacos veteranos que estavam desde o início prosseguiu até que na jaula residiam cinco macacos que nunca antes tinham sido molhados.

Apesar das bananas surgirem tão apetitosas como sempre, eles continuavam a impedir-se mutuamente de atingir o cacho, agarrando e agredindo.

Se perguntássemos aos macacos porque razão impediam os outros macacos de subir a escada, os cinco macacos iniciais poderiam responder que não queriam ser molhados, mas os cinco macacos finais apenas poderiam responder que sempre assim se fez, mas não saberiam explicar porquê.

Figura 53 - Experiência com macacos

A construção do SEI - Suporte Estruturado da Informação vai permitir que cada colaborador, no exercício das suas funções, se concentre exactamente no papel que lhe cabe no seio da organização.

Para o sucesso de qualquer empresa, é preciso que se definam as coisas certas, que se façam as coisas certas, e que se façam bem as coisas certas.

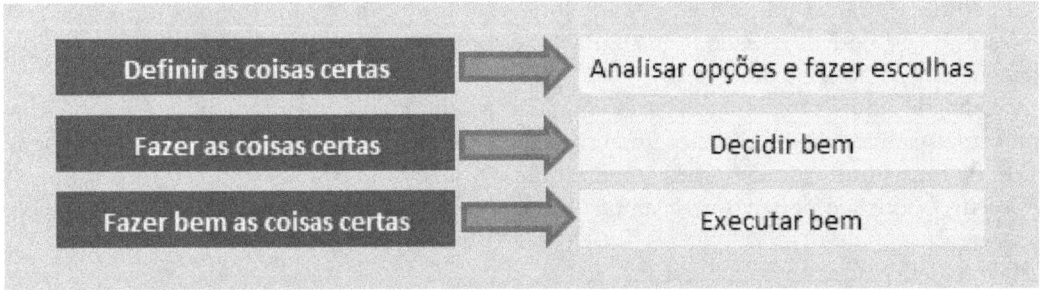

Figura 54 - Coisas certas

O SEI vai permitir que as pessoas, que têm maioritariamente funções de execução, se concentrem, quase exclusivamente, na execução.

Analogamente, as pessoas que têm funções maioritariamente de análise e coordenação, também podem focalizar a sua atenção nas escolhas correctas das acções a desenvolver.

Essa maior focalização nas necessidades inerentes à função, vai permitir que as sugestões de melhoria, fornecidas pelos trabalhadores, sejam maioritariamente do domínio da simplificação de processos, com soluções habitualmente criativas.

Se a organização deixar que cada colaborador execute as suas tarefas "à sua maneira", cada pessoa terá de encontrar a sua solução, para cada problema. Esta opção implicará maiores dificuldades para a direcção da empresa conseguir coordenar esforços, e encontrar soluções conjuntas, eficazes para a resolução dos problemas.

Habitualmente, as organizações possuem um ou mais suportes, para que a informação necessária seja utilizada pelos seus colaboradores.

A estrutura dessa informação, e a forma como se apresenta disponível às pessoas, é que condiciona a eficácia da sua utilização.

A existência de um suporte estruturado da informação traz um conjunto de vantagens à empresa:

1- Formação à medida das necessidades
   a. O colaborador pode ser autodidacta, proactivo na procura do conhecimento e da sua valorização individual;
   b. A informação passa a estar sempre disponível, no momento em que surge a necessidade;
   c. As pessoas sentir-se-ão competentes.

2- Redução de custos
   a. Reduz de imediato as necessidades de formação aos colaboradores;
   b. Promove a redução dos erros operacionais;
   c. Promove a redução dos conflitos, e o aumento da confiança entre funcionários.

3- Aumento da produtividade
   a. Dá um importante contributo para uma operacionalidade fluída e articulada;
   b. Torna as interacções laborais objectivas, equilibradas e menos dependentes da subjectividade individual.
   c. As pessoas sentir-se-ão seguras na execução.

4- Ganhos de comunicação
   a. Aproxima a expressão do que se pretende dizer da interpretação do que foi dito, facilitando a compreensão entre o emissor e o receptor de uma mensagem;
   b. A comunicação torna-se mais fluída e eficaz no seio da organização;
   c. A comunicação entre as pessoas passa a ser feita para consolidar conhecimentos, em detrimento da simples transmissão intermitente de conhecimentos básicos;
   d. As pessoas sentir-se-ão confiantes (em si próprias e na organização).

As organizações que evidenciam uma maior eficiência, na utilização da informação disponível, possuem uma importante fonte de diferenciação na sua capacidade de surpreender pela positiva, e têm uma vantagem competitiva perante a concorrência, face aos inerentes aumentos de produtividade e redução de custos operacionais.

Normalmente, o valor de uma teoria depende da sua utilização prática.

O verdadeiro desafio consiste na passagem da teoria à prática…

Com a criação de um Suporte Estruturado da Informação, pretendemos garantir o cumprimento de dois princípios fundamentais:

1- Unidade e Convergência
2- Segurança e Confiança

Unidade e Convergência

É importante que a organização fale a uma só voz , e raciocine sobre uma linha mestra de pensamento.

Porque cada ser individual fornece o seu contributo de formas variadas, há necessidade de fazer convergir os esforços individuais para a prossecução dos objectivos colectivos.

A construção do Suporte Estruturado da Informação deve estar alicerçada no princípio de Unidade e Convergência.

Segurança e Confiança

A execução operacional depende dos níveis de eficácia e eficiência, que os colaboradores evidenciam no exercício das suas funções. Quanto maior for a segurança com que as operações articuladas são levadas a cabo, maior a capacidade da organização para reconhecer em si própria capacidade organizativa, e maior a confiança que se estabelece na empresa, nas diversas interacções entre os seus membros.

A segurança mencionada, é a segurança que se sente por se saber que se está a proceder correctamente, conforme preconizado pela organização, sem correr riscos de errar e/ou ser criticado.

É a segurança que sentimos quando sabemos que fizemos bem, independentemente da eventual exposição a qualquer tipo de crítica.

É este o tipo de segurança que eleva o nível de confiança de qualquer executante, em qualquer actividade.

Com base nestes dois princípios, passamos ao método a utilizar na construção do Suporte Estruturado da Informação.

Habitualmente, existe uma vasta panóplia de instruções, dispersas por manuais, e-mails internos, instruções afixadas em edital e instruções verbais, que nunca chegam a ser colocadas em suporte físico. Em muitas organizações, a prática do dia-a-dia está alicerçada na prática do passado, sem que se questione ou explique a razão pela qual se fazem as coisas.

Numa organização multidepartamental, as pessoas têm perspectivas diferentes entre si, em função da natureza das suas tarefas, e em função da sua própria individualidade.

A solução encontrada para o mesmo problema difere de pessoa para pessoa.

Dentro da mesma empresa é desejável que a solução para um dado problema seja única, de modo a que se observe o princípio da "Unidade e Convergência".

Consequentemente, é necessário fazer um levantamento de todas as práticas desenvolvidas no seio da organização, e proceder no sentido de se uniformizar a solução para o mesmo problema, em harmonia com os princípios de "Unidade e Convergência", "Segurança e Confiança".

Proponho que o **método** a utilizar assente em quatro passos:

1- **Identificar necessidades**
2- **Compreender as acções**
3- **Uniformizar as práticas**
4- **Gerir os imprevistos**

O passo 1, "Identificar necessidades", visa identificar todas as acções desenvolvidas na empresa, e identificar as redes de dependência no seio da organização.

O passo 2, "Compreender as acções", visa identificar os "porquês" e as consequências das acções, notando oportunidades de redução de custos, oportunidades de ganhos de produtividade, focos de conflito e as principais fontes de erro.

O passo 3, "Uniformizar práticas", visa identificar as práticas adequadas e proceder ao seu registo.

O passo 4, "Gerir imprevistos", visa definir os responsáveis pelas acções, e os procedimentos concretos de gestão de imprevistos.

Construção do SEI – Suporte Estruturado da Informação

Apesar de poder parecer uma tarefa megalómana, o facto é que a tarefa possui apenas a dimensão que a complexidade da sua empresa apresentar.

Pode ser posta em prática através de duas formas: ou se solicita a participação de todos, ou se cria uma pequena equipa que se dedica à recolha, análise e compilação da informação acima referida.

A primeira opção permite a obtenção de um leque alargado de práticas, as quais irão surgir inseridas nas diversas perspectivas individuais e profissionais, o que vem enriquecer a informação disponível, e até alertar para situações para as quais os responsáveis da empresa não estavam despertos. Deve ser a opção a seguir, caso todos os colaboradores participem activamente, e com entusiasmo.

Envolver todos os colaboradores neste processo, vem também promover uma maior receptividade à utilização do Suporte Estruturado da Informação, favorece o desenvolvimento e a consolidação do sentimento de pertença à organização, e eleva o conhecimento geral que cada funcionário tem desta ferramenta, e da própria empresa.

A criação de uma pequena equipa, que possa fazer o levantamento de todas as acções desenvolvidas pela organização, identificar o motivo das suas práticas e a existência de redes de dependência funcional, entre pessoas e departamentos, pode ser eficaz quando se pretender rapidez e grande objectividade na construção do Suporte Estruturado da Informação. Contudo, perdem-se algumas das perspectivas individuais ou departamentais, em aspectos que podem ser importantes para encontrar as melhores soluções para a organização.

Eventualmente, este défice pode vir a ser ultrapassado através do processo de Simplificação Focalizada, que veremos adiante, e o ganho de rapidez pode ser importante para a empresa.

A base do Suporte Estruturado da Informação são as acções praticadas pelos trabalhadores da empresa.

Neste contexto, é importante debruçar-nos um pouco sobre a acção propriamente dita, num contexto mais teórico, para depois podermos definir uma ferramenta prática para a obtenção da informação relevante para a empresa.

Qualquer acção pode ser caracterizada por ter uma origem, um âmbito, um objectivo, uma forma e um resultado. Adicionalmente, poderemos tecer considerações relevantes relativamente à frequência com que uma acção acontece, às relações de dependência inerentes numa organização, e à possibilidade de existência de focos de conflito associados à acção.

A origem é o "gatilho" da acção. Por exemplo: Se um cliente pede ao balcão "Um Gin Tónico, por favor!", a ordem do cliente está na origem da preparação da bebida.

Na origem da acção podemos ter a iniciativa própria, uma instrução ou uma sugestão de terceiros.

Perante o "gatilho" da acção, o colaborador activo vai ter uma determinada resposta: delegar, executar, adiar ou ignorar a tarefa.

A acção é desenvolvida dentro de um determinado âmbito. Neste exemplo do cliente que pede uma bebida ao balcão de um bar, temos um âmbito legal (em muitos países não se pode servir bebidas alcoólicas a menores de idade), um âmbito regulamentar interno (nesta empresa o Gin Tónico deve ser servido num copo redondo de pé alto), e um âmbito cultural (apesar de legalmente ser proibido servir bebidas alcoólicas a menores de idade, nós servimos qualquer pessoa que pague pela bebida).

A acção é desenvolvida com um objectivo: servir o cliente, satisfazer as necessidades do cliente, fazer um lucro, etc, e toma uma determinada forma inerente à execução (forma da tarefa, e-mail, chamada telefónica, instrução de voz, envio de recado por interposta pessoa, etc).

A acção tem um resultado.

Raramente, o resultado é percebido na sua plenitude. No nosso exemplo, a bebida até pode ter superado as expectativas do cliente, e este não se manifesta à empresa, pois, apesar de satisfeito, pode não solicitar outra de imediato.

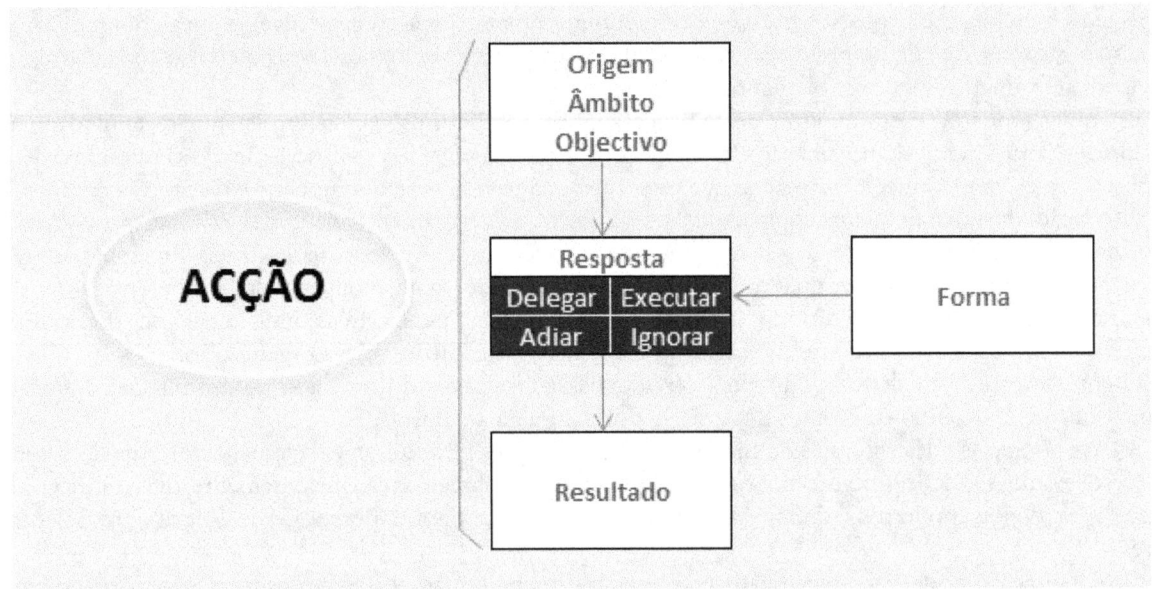

Figura 55 - Acção, esquema básico

Numa organização, as acções são desenvolvidas num contexto de relações de dependência inerentes à própria tarefa. Podemos observar acções que acontecem na dependência de uma autorização hierárquica, que são operacionalmente dependentes de outras pessoas ou departamentos da empresa, ou acções nas quais o colaborador activo está perfeitamente independente para a sua execução.

O simples envio de um e-mail é um exemplo de uma situação de dependência operacional. Caso os acessos informáticos não estejam funcionais, a acção não pode ser executada.

A frequência com que uma acção é executada, e os focos de conflito que podem surgir inerentes a essa mesma acção, são aspectos importantes para a direcção da empresa, no sentido de identificar necessidades de actuação e compreender redundâncias, dificuldades e desmotivações na execução das tarefas.

Para percebermos, na íntegra, as práticas da empresa, teremos de compreender estes aspectos.

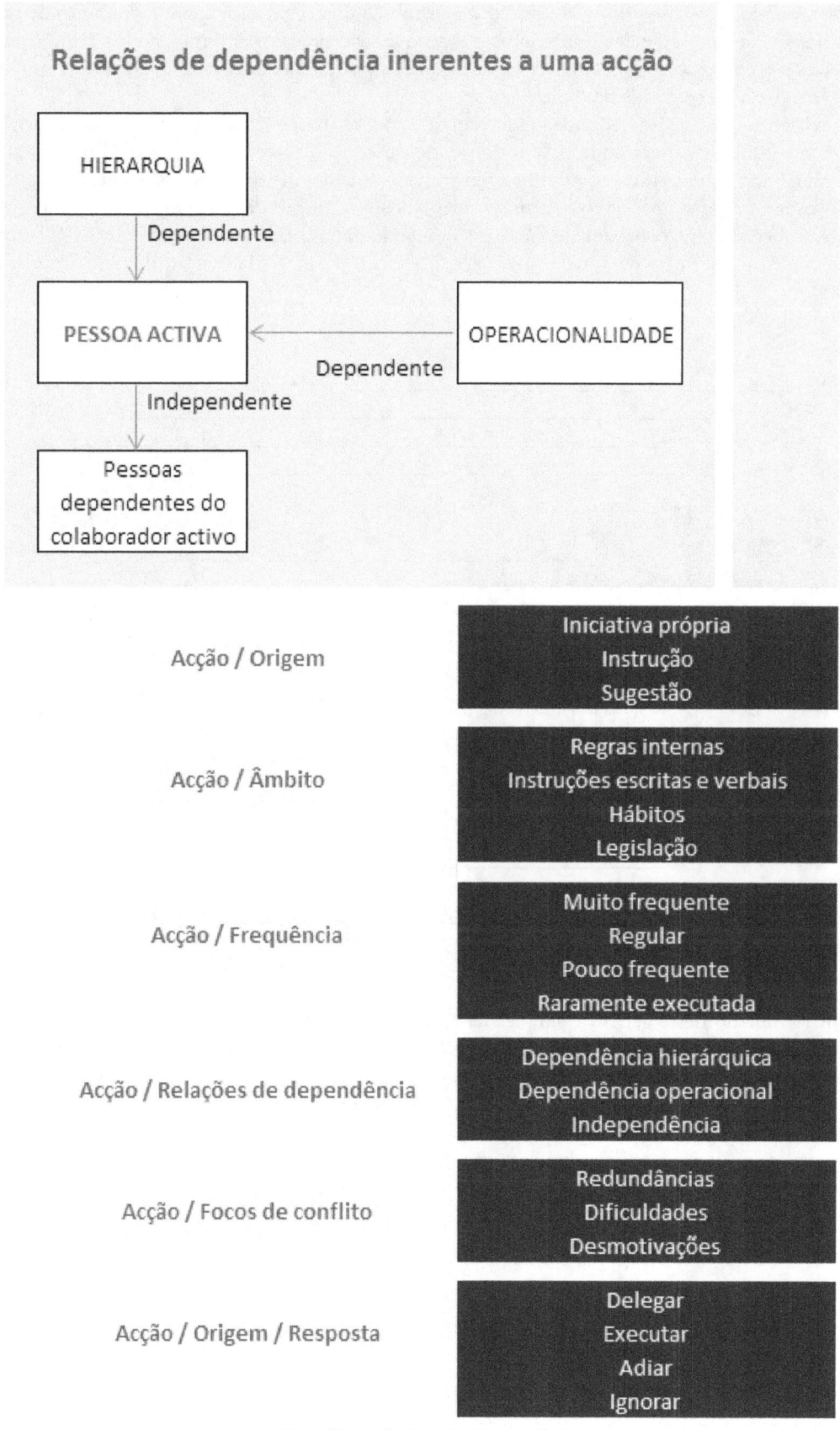

Figura 56 - Acção: Relações de dependência

A minha proposta de identificação de redundâncias na execução das acções, tem a ver com as consequências negativas que daí advêm para a organização.

Por exemplo, se o dono de um bar ordena a um funcionário que coloque um conjunto de copos numa caixa de cartão, para depois ordenar a outro funcionário que arrume esses mesmos copos num armário, poderemos estar perante uma acção redundante. A primeira acção poderá ser escusada dado que o primeiro funcionário poderia arrumar logo os copos no armário.

A existência de acções redundantes costuma levar os funcionários a níveis de execução inferiores, e à adopção de atitudes negativas do tipo: "Porque é que eu tenho de fazer isto, se alguém depois vai fazer aquilo?".

Eliminar acções redundantes, permite reduzir custos e obter ganhos de produtividade.

Os parâmetros que proponho devem ser adaptados em função das necessidades da empresa. A escolha dos parâmetros deve ser feita consoante a relevância que tenham para a organização.

Cientes da informação que queremos obter, podemos passar à elaboração de um formulário de recolha da informação.

Proponho algo deste género:

Figura 57 - Formulário exemplo

Um formulário deste género é simples na apresentação, e intuitivo no preenchimento, sem que implique a alocação de muito tempo por parte dos colaboradores. Deve ser solicitado o preenchimento do campo "Observações", sempre que existam sugestões de melhoria, surjam focos de conflito inerentes à acção executada, ou se informem aspectos relacionados com a resposta dada à origem da acção. Por exemplo, informando que se trata de uma acção solicitada há alguns dias, e só agora executada.

Na prática poderíamos obter algo deste género, num primeiro momento:

LOCAL ___EP_____ DATA _2014_ / _04_ / _22_   HORA   _14:_30

COLABORADOR ___José Rodrigues_____   FUNÇÃO _Vend._

DESCRIÇÃO DA ACÇÃO __Solicitar pedido de desconto para produto "ABC"_____

OBJECTIVO __Concretizar venda a cliente "XYZ Lda"_____

ORIGEM:	Iniciativa própria	[X]		FREQUÊNCIA:	
	Instrução	[ ]		Muito frequente	[ ]
	Sugestão	[ ]		Regular	[X]
				Pouco frequente	[ ]
ÂMBITO:	Regras internas	[ ]		Raramente	[ ]
	Legislação	[ ]		SITUAÇÃO:	
	Hábitos	[X]	Estrutura comercial	Dependente hierárquica	[X]
	Instruções	[ ]		Dependente operacional	[x]
				Independente	[ ]
FORMA:		Email		CLASSIFICAÇÃO:	
RESULTADO:		A aguardar resposta		Produção	[ ]
				Distribuição	[X]
OBSERVAÇÕES:				Cobranças	[ ]
				Pós-Venda	[ ]
				Transversal_____	[ ]

Figura 58 - Formulário 1.1

Por iniciativa própria, o vendedor José Rodrigues solicita um pedido de desconto via e-mail, com o objectivo de concretizar uma venda, executando esta acção com regularidade, na dependência hierárquica da sua chefia e na dependência operacional das tecnologias da informação. Esta acção é classificada no âmbito da Distribuição de produtos, e de acordo com os hábitos da estrutura comercial da empresa.

Dado que o resultado desta acção está dependente de outrem, esta acção constitui, ela mesma, a origem para outra acção, no seio da empresa.

Habitualmente, a análise encadeada destes formulários ajuda a percepcionar o tipo de resposta que a empresa possui, nas diferentes relações de dependência entre os colaboradores.

Se surgirem outros formulários a solicitar o mesmo tipo de resposta, por parte de outros colaboradores, teremos um determinado significado para a organização.

Se surgirem sucessivas solicitações, por parte dos mesmos colaboradores, encadeadas com a primeira acção desenvolvida, poderemos estar perante uma incapacidade de fornecer a resposta adequada às necessidades da empresa.

LOCAL ___EP_____ DATA _2014_ / _04_ / _23_	HORA _10:_40
COLABORADOR ___José Rodrigues_____	FUNÇÃO _Vend._

DESCRIÇÃO DA ACÇÃO __Verificar se o desconto foi autorizado _____
OBJECTIVO __Saber se o desconto foi autorizado para fechar negócio com cliente "XYZ Lda" _____

ORIGEM: Iniciativa própria ☐
Instrução ☐
Sugestão ☒ Contacto na XYZ informa que pretendem decidir

FREQUÊNCIA:
Muito frequente ☐
Regular ☐
Pouco frequente ☐
Raramente ☒

ÂMBITO: Regras internas ☐
Legislação ☐
Hábitos ☒ Estrutura comercial
Instruções ☐

SITUAÇÃO:
Dependente hierárquica ☐
Dependente operacional ☐
Independente ☒

FORMA: Verificar e-mail e estabelecer contacto telefónico
RESULTADO: Sem sucesso. E-mail sem resposta e sem contacto telefónico

CLASSIFICAÇÃO:
Produção ☐
Distribuição ☒
Cobranças ☐
Pós-Venda ☐
Transversal_____ ☐

OBSERVAÇÕES: Esta acção raramente se faz porque quem autoriza entra em contacto com quem solicita a autorização.

Figura 59 - Formulário 1.2

Se na sucessão de acções surgir agora este formulário, por parte do colaborador que desencadeou a primeira acção, podemos perceber que a necessidade de efectuar esta segunda acção raramente acontece.

Se este mesmo colaborador tivesse registado que esta segunda acção era "Muito frequente", então a análise das consequências para a organização da sua ocorrência seria, significativamente, diferente.

Os formulários devem ser construídos com um misto de simplicidade e profundidade.

Simples na utilização, de modo a que os funcionários não percam muito tempo no seu preenchimento, e possam, sem descurar as suas funções habituais, colaborar activamente, procurando não deixar por fazer o registo de qualquer acção, durante um determinado período de tempo considerado adequado (no mínimo: uma semana).

A profundidade da informação, que nos é dada pela percepção dos parâmetros da própria acção, vai depois permitir que possamos agrupar a informação por departamentos, frequência, dependência ou independência.

Dentro de cada agrupamento da informação, podemos analisar as acções quanto à sua origem, tipos de resposta, âmbito, forma e eventuais focos de conflito.

Recolher, agrupar e analisar a informação é necessário para podermos cumprir os dois primeiros passos do método de construção do SEI – Suporte Estruturado da Informação: identificar necessidades e compreender as acções efectuadas na empresa, num determinado período de tempo.

Como agrupar a informação?

Agrupar:

– Por valor (frequência de ocorrência x valor acção = valor para a empresa);

– Por relações de dependência (permite perceber como um encadeamento de acções condiciona a organização);

– Por forma (o formato e/ou suportes utilizados para a acção permitem detectar oportunidades de aumento de produtividade, e/ou redução de custos);

– Por departamentos (permite perceber quais as acções desenvolvidas, em cada área da empresa).

Devemos olhar para o agrupamento da informação, sem a pretensão de fazer juízos de valor de qualquer natureza. Pretende-se apenas identificar onde estão as oportunidades de melhoria, que representam maior valor para a empresa, e quais poderão ser as melhores formas de as implementar.

Nesta fase de construção do SEI, a análise da informação consiste em compreender as acções que são desenvolvidas dentro de cada agrupamento.

Compreender:
- Pessoas chave (qual a origem das acções?);
- Âmbito (detecção de ameaças de erros graves, e/ou situações de falta de preparação, etc)
- Tipo de respostas (significa perceber na informação recolhida se as respostas dadas às acções se situam, maioritariamente, na delegação da acção, na execução imediata, no adiar da acção ou em ignorar a acção que se impunha);
- Focos de conflito (significa perceber na informação recolhida quais os focos de conflito existentes e/ou latentes, e qual o impacto da sua ocorrência na organização).
- Porque se faz?
- Como se faz?
- Quais os níveis de eficácia?
- Do que depende a eficácia?

Considere, por exemplo, um vendedor de uma grande empresa, cuja definição de funções determina:

" É função do colaborador:
(…)
Contactar os clientes existentes e potenciais, no sentido de promover a venda dos nossos produtos;
(…)"

Os vendedores da empresa irão contactar os seus clientes através de contacto pessoal, contacto telefónico, e-mail e através das redes sociais. Possivelmente, o futuro trar-nos-á uma diversidade ainda maior.

Cada vendedor actuará de uma determinada forma, e dará preferência a um modo de contacto, em detrimento de outros.

Principalmente nas reuniões entre a Administração e as Chefias Intermédias das grandes empresas, é frequente questionarem-se os resultados (habitualmente a maior incidência da reunião até ocorre sobre os resultados abaixo do pretendido), e as explicações fornecidas pelas Chefias Intermédias soam quase sempre a desculpas…

Muitas vezes, nem a Administração, nem as Chefias Intermédias compreendem a própria empresa!

Neste exemplo, a resposta correcta à questão "Qual é o número óptimo de vendedores?", depende da forma como as acções são desenvolvidas.

O processo de compreensão da informação recolhida tem que ser objecto de análise, por quem é experiente no negócio.

Deverá passar pelo maior número de perspectivas possível, pois a visão dos impactos das diferentes acções diverge no seio da empresa, existindo uma opinião por parte da direcção comercial, pode existir outra da parte da direcção financeira, outra diferente por parte da direcção de marketing, outra da parte dos serviços jurídicos, outra da parte dos serviços de informática, e por aí fora…

Cada uma destas diferentes perspectivas é tão válida quanto as restantes, e é preciso que se apreendam os diferentes pontos de vista, para podermos construir as soluções que melhor servem o interesse colectivo. O envolvimento destes agregados, com critério e harmonia na construção do SEI, vai permitir o desenvolvimento do pensamento convergente na empresa, fortalecendo o sentimento de "um por todos, todos por um", e enaltecendo o sentimento individual de pertença à organização.

A compreensão das acções desenvolvidas na empresa ajuda a direcção da empresa a:
- Perceber os resultados;
- Recrutar as pessoas com o perfil adequado (quer ao nível dos seus conhecimentos, quer ao nível dos seus comportamentos);
- Tomar decisões correctas, no que diz respeito aos processos de mudança, alicerçando essas decisões em factos, e não em suposições ou percepções individuais (frequentemente enviesadas pela perspectiva individual).

Quando existe um mau funcionamento de uma área da empresa, este mau funcionamento afecta o desempenho de outras áreas da organização, de formas directas e indirectas, com impactos que nem sempre são compreendidos.

Actualmente, os gestores olham, cada vez mais, para os resultados finais obtidos decorrido um determinado período de tempo, sem atender ao contexto profissional em que esses resultados aconteceram.

A possibilidade de tomar decisões erradas aumenta exponencialmente, quando não existe uma compreensão profunda das acções desenvolvidas na empresa. O maior perigo para a organização surge quando a dificuldade em identificar a área desorganizada, fruto da concentração quase exclusiva nos resultados obtidos, pode levar a direcção da empresa a efectuar alterações estruturais incorrectas, em áreas devidamente organizadas na empresa, que apenas têm registado resultados abaixo dos pretendidos, quando a sua eficácia é, severamente, comprometida por outras áreas da organização, das quais está dependente.

Quando as empresas têm um modelo de serviço bem implementado, alicerçado num suporte estruturado da informação, que define os procedimentos considerados correctos para desenvolver cada acção inerente às diferentes funções profissionais, as funções da gestão de topo ficam facilitadas.

A partir da recolha, agrupamento e análise da informação, temos identificadas as necessidades e compreendidas as acções. É agora necessário uniformizar as práticas.

A importância da uniformização de práticas

Quando os trabalhadores executam as suas tarefas da mesma forma, alocando quantidades idênticas de tempo e recursos materiais para as mesmas tarefas, o gestor pode identificar as dificuldades sentidas, e encontrar mecanismos de simplificação da execução das tarefas.

Ao mesmo tempo, dada a maior compreensão de como são desenvolvidas as acções, é também frequente a identificação de oportunidades de actuação sobre pontos fracos da concorrência, cuja exploração pode aumentar significativamente a eficácia de actuação da equipa.

Se o responsável por um grupo de trabalho identifica mecanismos de simplificação de execução das tarefas, encontra também formas de aumentar a produtividade, as quais vêm acompanhadas de uma redução de custos.

Consideremos agora a possibilidade de não se fornecer uma orientação clara sobre as práticas que cada trabalhador deve desenvolver, no exercício das suas funções.

Neste cenário, em que cada colaborador faz as coisas, cem por cento, à sua maneira, diferentes colaboradores poderão obter diferentes registos de produtividade no mesmo espaço de tempo. O responsável pelo grupo de trabalho está em posição de identificar porquê? Conseguirá explicar as razões pelas quais o seu funcionário "A" obteve resultados positivos, e o seu funcionário "B" ficou aquém do pretendido? Que acções concretas podem ser desenvolvidas pela empresa, para promover a melhoria dos resultados colectivos?

Sem uma orientação clara, relativamente à forma como as tarefas devem ser desenvolvidas, não é possível existir uma efectiva coordenação do esforço colectivo, nem, tão pouco, ser eficaz na identificação dos mecanismos de simplificação das tarefas, que promovam aumentos de produtividade e redução de custos em toda a organização.

Coloca-se a questão: "Como se define uma orientação clara?".

Actualmente vivemos uma realidade em que as empresas de grande dimensão focalizam os seus processos operacionais na ideia de optimização. Definem chefias hierárquicas orientadas para o exercício da pressão sobre os seus subordinados, no sentido da obtenção de resultados. Identificam-se os objectivos a atingir e deixa-se que grande parte da definição dos processos e tarefas, a desenvolver para atingir os objectivos, fiquem a cargo dos respectivos departamentos.

Estas organizações estão autolimitadas à capacidade individual das pessoas que servem a organização. Estas empresas viverão momentos de euforia apenas enquanto as circunstâncias, em que a actividade é desenvolvida, permitirem que os trabalhadores encontrem as soluções para chegar aos resultados definidos, no início de cada período de tempo (que habitualmente é de um ano). Caracteristicamente, são empresas que vulgarizam a utilização de campanhas comerciais em períodos curtos de tempo, promovendo esforços extraordinários de venda, mas descuidando a forma como se obtêm esses resultados.

Quando surgirem os resultados abaixo dos objectivos, os gestores terão uma tendência, absolutamente natural, para questionar a competência de cada trabalhador para o exercício das suas funções.

A questão fundamental, que se coloca nestes casos, é: "O que pode ser feito para melhorar os resultados?". Nesta realidade, a resposta natural será: "Trocar colaboradores!".

Quando as empresas enfrentam realidades próximas da acima descrita, com uma parca definição dos processos de execução, e uma focalização quase exclusiva na obtenção de resultados, acompanham esta situação de uma relativamente elevada rotação de pessoas, no exercício das mesmas funções. A pouca estabilidade das pessoas na função, juntamente com a menor concentração na forma como se fazem as coisas, resultam, inevitavelmente, na redução da qualidade do trabalho produzido, com reflexos negativos que se irão sentir, mais tarde ou mais cedo, nos níveis de produtividade da organização.

No atletismo temos velocistas, atletas de meio-fundo e maratonistas. Nas empresas, cada colaborador também tem as suas características próprias, e uma menor ou maior virtude na execução de determinadas tarefas. Muitas vezes, pede-se a uma pessoa com características de velocista que faça uma maratona, e a seguir questiona-se o resultado final sem se perceber como abordou a prova...

Quando não se fornece uma orientação clara sobre a forma como se pretende que as tarefas sejam operacionalizadas, cada funcionário faz as coisas, cem por cento, à sua maneira. Neste contexto, os funcionários vão sentir que os resultados obtidos dependem, em grande percentagem, deles próprios. Consequentemente, há lugar ao desenvolvimento de um sentimento individual nos trabalhadores, do tipo: "A empresa precisa de mim."...

Quando há uma orientação clara relativamente à forma como se pretende que o trabalho seja feito, o sentimento individual que se constrói aproxima-se mais da ideia: "A empresa precisa de mim para fazer isto.".

Nesta realidade, o relacionamento sentimental do trabalhador com a empresa torna-se mais racional, controlado, e talvez até mais saudável.

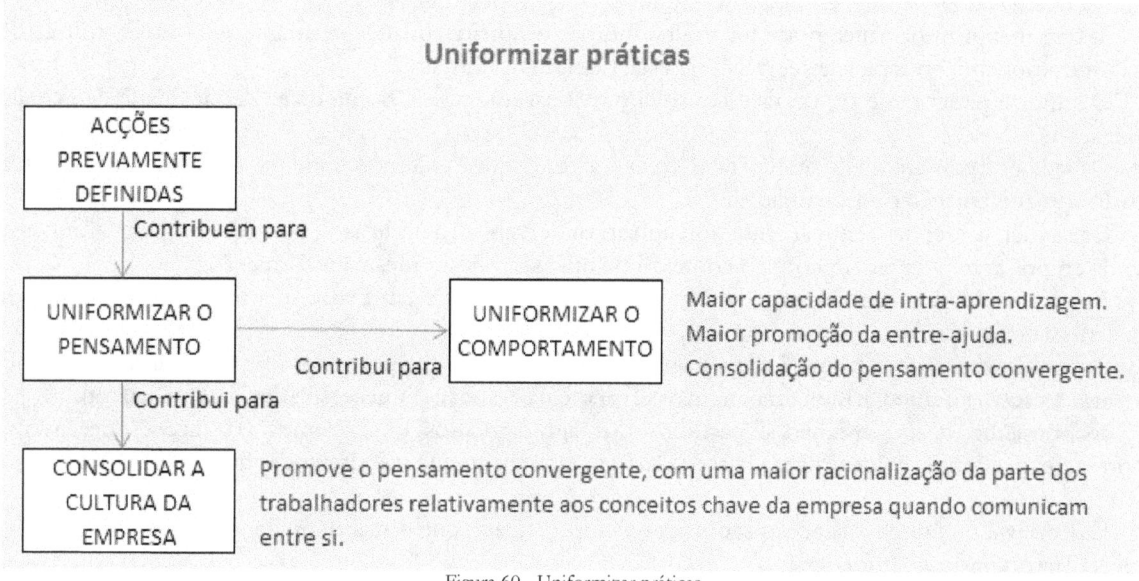

Figura 60 - Uniformizar práticas

Para uniformizar práticas, fornecendo uma orientação clara aos funcionários, temos de definir:
- O modo de fazer;
- O tempo dedicado à tarefa;
- Os recursos materiais utilizados;
- Os recursos humanos envolvidos.

A uniformização das acções efectuadas na empresa é fundamental para permitir à gestão da empresa o acesso aos processos de simplificação, deixando de se limitar aos habituais processos de optimização.

Através da compreensão das acções individuais, a criatividade individual dos colaboradores irá permitir encontrar mecanismos de melhoria da eficácia das tarefas, com os consequentes aumentos de produtividade, muitas vezes, com reduções de custos associadas, aumentando a eficiência global da empresa, como veremos adiante.

Paralelamente, a qualidade do serviço prestado é melhorada, e a capacidade da gestão, para fazer uma correcta caracterização dos recursos humanos necessários e ideais para cada função, assenta em critérios concretos e objectivos.

O velocista competirá nas provas de 100 e 200 metros. O meio-fundista fará os 3.000 e os 5.000 metros. O maratonista fará as suas maratonas.

Esta fase do processo de construção do SEI – Suporte Estruturado da Informação pode ser facilitada pela escolha do suporte físico, onde vai ficar a informação.

A informação relativa à uniformização das acções na empresa pode ficar em:

- Suporte digital;
- Suporte papel;
- Edital fixo;
- Outros suportes…

Hoje em dia, com a ajuda das tecnologias da informação, podemos dispor da informação em suporte digital em quase qualquer parte do mundo, com quase total mobilidade e liberdade de acesso. A palavra "quase" assume aqui uma importância maior, na medida em que poderão existir contextos operacionais específicos, que determinem a utilização de um suporte físico diferente de acesso à informação.

De um modo geral, pela sua facilidade de construção, implementação e utilização, o suporte digital ganha preponderância sobre as demais opções que possamos considerar.

As tecnologias da informação facilitam ou dificultam?

Podemos ter a informação disponível em e-mail's, redes sociais, sites de internet, sites de intranet (rede de computadores ligados exclusivos da organização), pastas públicas, CD's, DVD's, tablets, etc.

A informação pode ficar em formato intuitivo, ou de difícil utilização.

A ferramenta informática pode ter muitos botões e funcionalidades, e ninguém os saber utilizar. Pode ter uma utilização lenta ou rápida, e ser fiável ou estar sempre a "crashar".

O suporte papel pode ser de fácil consulta e manuseamento. E o que dizer da facilidade de actualização e divulgação?

Os editais fixos poderão ser de fácil consulta. E o que podemos concluir sobre o seu manuseamento, actualização, divulgação e adequabilidade?

Em suma, a escolha relativamente ao suporte onde vamos definir as acções, e estruturar a informação no seio da empresa, tem de ter em conta o contexto de utilização dessa mesma informação.

A informação deve ser tão concentrada quanto possível, e ter em conta se a utilização dessa informação é concentrada ou dispersa.

A concentração da informação num suporte digital único, intuitivo, de simples utilização e fácil acesso, constitui a escolha natural, habitualmente mais eficiente na resposta às necessidades da organização.

No desenho desta ferramenta, partimos dos agrupamentos que fizemos das acções desenvolvidas na empresa, e passamos a identificar, passo a passo, a prática que se pretende que seja seguida no seio da organização.

É desejável que nenhuma acção aconteça na empresa, sem que esteja definida a sua uniformização no SEI - Suporte Estruturado da Informação.

Recorrendo ao exemplo apresentado no início do livro, podemos estruturar a informação conforme se expõe na página seguinte, agrupando a informação segundo a própria classificação interna da organização, no que se refere aos diversos departamentos.

Esta estrutura permite um acesso rápido e intuitivo à informação, funcionando também muito bem sempre que um trabalhador pretende aprofundar o seu conhecimento sobre os procedimentos a adoptar, nas diversas circunstâncias que podem surgir diariamente, reduzindo as necessidades de formação e promovendo a orientação da comunicação entre colaboradores, para além dos aspectos operacionais mais básicos. Em vez de perguntar ao colega "Onde está o martelo?", o trabalhador vai poder perguntar "Para além de martelar, utilizas o martelo noutras situações?".

Este aspecto é muito importante na promoção de ganhos de produtividade. O tempo que cada pessoa disponibiliza mentalmente para os outros é limitado. Um trabalhador faz uma pergunta a um colega, e provavelmente obtém uma resposta. Se fizer duas perguntas, possivelmente a segunda resposta será uma evasiva, porque o colega já não terá a mesma paciência que tinha inicialmente.

Com um alinhamento deste género à nossa frente, podemos começar a identificar as células, onde se enquadram as diversas acções recolhidas anteriormente.

	Produção	Distribuição	Cobranças	Pós-Venda
Linha de produtos 1				
Linha de produtos 2				
Linha de produtos 3				
:				
:				
Linha de produtos N				

TRANSVERSAL

Auditoria	
Recursos Humanos	
Serviços Jurídicos	
Contabilidade	
Logistica	
Informática	
Qualidade	
Marketing	
Finanças	

Figura 61 - Tabela bidimensional 2

Nesta altura do processo, o nosso puzzle vai sendo construído rapidamente...

Dentro de cada célula identificamos os itens chave, cuja resposta é necessária para que as acções possam ser desenvolvidas, identificando as funções, as pessoas, os enquadramentos legais, as normas internas aplicáveis, os documentos de apoio, questões mais frequentes, dicas e procedimentos e outros aspectos que se considerem relevantes.

Os procedimentos têm de definir o modo de fazer, o tempo dedicado à tarefa, a pessoa responsável e a pessoa ou pessoas a quem se dirige a acção.

	Produção	Distribuição	Cobranças	Pós-Venda
Linha de produtos 1				
Linha de produtos 2				
Linha de produtos 3				
:				
:				
Linha de produtos N				

. Departamento
. Função
. Responsável
. Colaboradores/Função/Contacto
. Caracteristicas técnicas
. Argumentário de vendas
. Procedimentos de comercialização
. Procedimentos de cobrança
. Procedimentos pós-venda
. Procedimentos de compra de matérias primas
. Procedimentos de produção
. Documentação de apoio
. Normas aplicadas
. Competências delegadas
. Legislação aplicável

TRANSVERSAL

Auditoria	
Recursos Humanos	
Serviços Jurídicos	
Contabilidade	
Logistica	
Informática	
Qualidade	
Marketing	
Finanças	

Figura 62 - Tabela tridimensional 2.1

Neste exemplo, proponho um conjunto de itens inerentes à "Linha de produtos 2".

Para cada departamento da empresa, poderemos ter algo deste género:

	Produção	Distribuição	Cobranças	Pós-Venda
Linha de produtos 1				
Linha de produtos 2				
Linha de produtos 3				
:				
:				
Linha de produtos N				

TRANSVERSAL	
Auditoria	. Departamento
Recursos Humanos	. Função
Serviços Jurídicos	. Responsável
Contabilidade	. Colaboradores/Função/Contacto
Logística	. Recorrer em caso de...
Informática	. Procedimentos
Qualidade	. Documentação de apoio
Marketing	. Normas aplicáveis
Finanças	. Legislação aplicável

Figura 63 - Tabela tridimensional 2.2

Em determinados casos específicos, há acções cujo acesso aos procedimentos definidos pode ficar condicionada, por níveis de acesso previamente estipulados ou por competências delegadas, mantendo-se esta informação com caracter restrito, e/ou sigiloso.

Neste momento, teremos a ferramenta pronta para consulta, a qualquer acção executada por qualquer trabalhador da empresa, sendo possível a qualquer pessoa indicar a outrem qual o procedimento correcto, de forma única e precisa.

Caminha-se no sentido de assegurar o princípio da Segurança e Confiança, na execução das tarefas. As pessoas sabem qual a forma correcta de fazer as coisas, sabem que esta forma é assim entendida por toda a organização, e sentir-se-ão seguras na execução das mesmas.

Esta ferramenta não prevê, ainda, qual ou quais os procedimentos correctos em caso de imprevistos.

A gestão de imprevistos

A gestão de imprevistos é algo que raramente está contemplada nos manuais das organizações.

Quando surge um imprevisto, pela sua natureza, coloca-se um problema que carece de uma solução criativa. A solução terá de dar resposta à dificuldade criada que, tratando-se de um imprevisto, criou um contexto de actuação para o qual não existem procedimentos adequados, previamente definidos.

Perante a necessidade, o funcionário terá um dos quatro tipos de resposta que damos perante a origem de uma acção:

- **Delegar a responsabilidade**: Situação em que o trabalhador se socorre de outra pessoa para encontrar a solução. Pode ser o caso de um subordinado que decide que a responsabilidade, desta solução, cabe à sua chefia hierárquica, ou uma chefia hierárquica que ordena a um subordinado que encontre uma solução para o problema, ou um funcionário que pede ajuda a outro colega para resolver esta dificuldade;
- **Executar a solução**: Situação em que o trabalhador encontra a sua solução para o problema, e a coloca em prática;
- **Adiar a solução**: Situação em que o trabalhador decide que necessita de algum tempo para encontrar a melhor solução, e vai recolher informação adicional que lhe permita tomar uma decisão;
- **Ignorar o problema**: Situação em que o trabalhador decide que nada fará, ou porque não se quer responsabilizar por qualquer tipo de solução, ou porque entende que as consequências da falta de resolução do problema não o afectarão.

Sempre que o imprevisto surge e é ignorado, a empresa perde!

Perde-se uma oportunidade de fortalecer a estrutura, com um exemplo de um acontecimento surpreendente que pode surgir. Perde-se uma oportunidade de comunicação e troca de experiências interna.

Perde-se a oportunidade de encontrar uma solução, que poderá ser útil a toda a organização, no futuro.

Não se deve permitir que um imprevisto seja ignorado, porque essa é a resposta que impede o progresso da organização.

Sempre que o imprevisto surge, tratando-se de uma situação que não consta do SEI – Suporte Estruturado da Informação, o colaborador deve efectuar o preenchimento do formulário de recolha de acções, do género do que serviu de base à recolha de informação para a construção do SEI, de modo a que se possa analisar a situação, e decidir sobre a divulgação da solução por toda a empresa.

Não sendo ignorado o imprevisto, a sua solução pode ser delegada ou executada.

Em qualquer dos casos, deverá ser sempre preenchido o formulário de recolha de informação, relativa às acções desenvolvidas na empresa.

Se a situação e/ou a solução se revelar especifica de uma realidade muito localizada no tempo, no espaço e no contexto em que se desenvolve, poderemos concluir que não há necessidade de espelhar a solução no SEI, mas o registo da sua ocorrência é imprescindível, e a decisão sobre a sua inclusão no SEI deve caber às estruturas hierárquicas mais elevadas da organização.

Mas, o primeiro passo para a gestão de imprevistos é a definição de imprevisto.

A empresa deve considerar como imprevisto qualquer tipo de problema que careça de uma resposta que não conste do SEI.

Perante a necessidade de uma acção, cujos procedimentos não estão definidos, caso assim permaneçam, cada funcionário continuará a dar a resposta que entender ao problema e, no limite, a direcção da organização pode vir a sentir dificuldades de identidade colectiva, deparando-se com a própria descaracterização da empresa.

Para qualquer célula da tabela SEI deve ser criada uma rubrica denominada "Em caso de imprevisto...", que deve definir:
- Quem é o responsável por encontrar uma solução;
- Qual o encaminhamento imediato do formulário de recolha de acções;
- Qual o período de máximo de tempo, no qual o processo deve ser concluído;
- Como se processa a divulgação e arquivo da solução implementada.

Assim, é garantido o desenvolvimento de um processo de aprendizagem contínuo no seio da organização, alicerçado na comunicação interna, na busca de soluções criativas e aperfeiçoamento dos processos.

A vida real é fértil em proporcionar situações de sabotagem, ao planeamento das organizações.

Um exemplo deste facto são as situações transitórias.

As regras poderão estar bem definidas, fazendo convergir toda a organização em torno de uma determinada linha de pensamento, e logo surge uma excepção que se manterá só enquanto...

Consideremos, por exemplo, uma situação de mudança de instalações físicas de uma unidade operacional.
Enquanto decorre o processo de mudança, a operacionalidade desta unidade está comprometida. Consequentemente, a sua capacidade para executar as tarefas que lhe estão afectas, e a forma como se relaciona com os restantes departamentos da empresa, terão de ser, necessariamente, afectados em múltiplos aspectos.

A solução mais comum, na maioria das empresas, consiste em nada fazer de diferente. Por vezes, pensa-se em retomar a situação normal com a maior brevidade possível, e não se considera o que fazer de diferente enquanto decorre o processo de transição.

Os problemas acumulam-se, tanto mais quanto maior for o dito processo de transição. Quando o que se previa ser temporário se prolonga no tempo, as consequências podem ser nefastas!

A direcção da empresa não pode aceitar que existam processos de sabotagem, ao normal funcionamento da organização.

Qualquer situação temporária, transitória e/ou pontual, que confira uma situação de anomalia ao funcionamento da organização, das duas uma:
- Ou está contemplada no SEI – Suporte Estruturado da Informação;
- Ou será tratada de acordo com as regras definidas para a Gestão de Imprevistos.

Assim, se salvaguarda um efectivo controlo por parte da gestão da empresa, sobre as acções que são desenvolvidas no quotidiano.

Conseguem-se aumentos significativos de informação disponível para análise, e ganhos de objectividade na tomada de decisão, ficando, cada vez menos, situações por decidir ao sabor do acaso.

O princípio da Segurança e Confiança fica reforçado, pois a execução das acções, perante um imprevisto, acontecerá devidamente enquadrada num conjunto de procedimentos, previamente determinado.

Implementação

A implementação do SEI – Suporte Estruturado da Informação deve ser feita tendo em conta a comunicação prévia estabelecida com todos os funcionários, relativamente a esta ferramenta.

No entanto, nesta fase, é absolutamente relevante recapitular, para toda a empresa, as fases do processo de construção do SEI desenvolvidas até ao momento, explicando que a definição final de procedimentos é o resultado da recolha, agrupamento, análise e uniformização das práticas já utilizadas na empresa.

Não existe, verdadeiramente, algo de novo. Consiste, apenas, em dar forma concreta ao conjunto global de acções que já são desenvolvidas em conjunto, permitindo ganhos de produtividade e comunicação, no seio da empresa.

É importante comunicar que há uma responsabilização acrescida de todos para a correcta execução das tarefas, e que é responsabilidade da direcção da empresa verificar regularmente o bom funcionamento da empresa, de acordo com o que fica estabelecido.

De seguida, informa-se, detalhadamente, os funcionários como foi organizada a informação, onde se encontra disponível para consulta, e alertando para os procedimentos de gestão de imprevistos, cruciais para a consistência desta ferramenta ao longo do tempo.

Por último, importa referir como será divulgada e implementada qualquer alteração que possa ser efectuada no SEI – Suporte Estruturado da Informação.

Figura 64 - Implementação do SEI

Manutenção

Depois de implementado, a manutenção do SEI-Suporte Estruturado da Informação torna-se extremamente simples, desde que o mecanismo de gestão de imprevistos esteja bem definido.

À semelhança de qualquer outro procedimento, a própria acção de alteração e manutenção do SEI deve ficar definida à partida, com indicação do modo de fazer, do tempo dedicado para o início e conclusão da tarefa, dos recursos materiais utilizados e dos recursos humanos envolvidos (quem é responsável por fazer o quê).

A manutenção do SEI implica um envolvimento activo, e permanentemente vigilante, da parte da direcção da empresa. Numa organização de maior dimensão, esta responsabilidade pode e deve ser delegada no responsável de controlo de qualidade que, por inerência destas funções, necessita ser alguém com capacidade de actuação, próxima de quem executa as alterações físicas no SEI.

Para qualquer suporte escolhido (habitualmente é o suporte digital), o responsável pela manutenção do SEI tem de manter uma ligação próxima daqueles que executam as alterações físicas no suporte escolhido, de modo a que não existam grandes intervalos de tempo entre a detecção da necessidade e a implementação das alterações, assegurando que a ferramenta se torne muito útil, no dia-a-dia da empresa.

Conclusão

Com um Suporte Estruturado da Informação alicerçado na prática diária da empresa, a análise dos desvios registados, entre resultados obtidos e objectivos definidos, torna-se passível de ser explicada, pela identificação das acções que evidenciaram menor eficácia.

As acções podem ter sido mal executadas, estar inadequadas ao contexto onde foram desenvolvidas; serem insuficientes face à acção da concorrência, etc.

Por outro lado, as acções que forem bem executadas, extremamente adequadas e ocorrendo num contexto de antecipação à concorrência, acabam por se salientar.

Para além dos benefícios operacionais acima referidos, e para além dos ganhos inerentes ao nível da Comunicação no seio da organização, com a construção do SEI – Suporte Estruturado da Informação, a gestão da empresa adquire uma ferramenta de auxílio à tomada de decisão, que eleva a acuidade na identificação das necessidades de alterações: se ao nível das pessoas, se ao nível dos processos.

Cumulativamente, a sua utilização periódica cria condições para a aprendizagem interna contínua, para o desenvolvimento do pensamento convergente, e para a valorização do sentimento de pertença à organização.

Verifique em seguida onde se situa a sua organização…

Suporte Estruturado da Informação					
Nível 5: Melhorar continuamente	As fontes e frequências de problemas são documentadas como parte da rotina de trabalho, os problemas raiz são identificados e os planos de acção correctiva são desenvolvidos.	O Suporte Estruturado da Informação é utilizado também para facilitar as tarefas dos colegas. A entreajuda manifesta-se de forma crescente no seio da empresa.	Existem respostas a estímulos que se estendem para além da função do trabalhador, dadas de forma única e convergente em toda a empresa. Existe um crescente sentimento de pertença à organização.	A gestão de imprevistos assume-se com naturalidade. Cada ocorrência é devidamente documentada e envolve o maior número possível de áreas na organização.	O SEI é pensado continuamente no sentido da sua melhoria (simplificação e optimização), visando a maior eficácia possível no contexto em que se desenvolve a actividade.
Nível 4: Foco na fiabilidade	A frequência das acções e o seu impacto em termos de custos e benefícios são analisados periodicamente com base no valor inerente para a organização.	O conhecimento das práticas na empresa estende-se para além das tarefas individuais de cada funcionário. O SEI é referenciado na comunicação entre as pessoas.	As respostas aos estímulos e a execução de acções acontecem com naturalidade de acordo com o preconizado no SEI. As pessoas sentem-se seguras e confiantes na execução.	Documentam-se métodos fiáveis de resolução de imprevistos que são seguidos por todo o grupo de trabalho.	O suporte estruturado da informação é único e de fácil acesso. Existe método na forma como as normas internas são divulgadas pela organização e como é feita a actualização da informação.
Nível 3: Modo visual	Está criado um suporte estruturado da informação de fácil consulta e acesso generalizado, utilizado para autoformação e orientação no exercício das tarefas.	O modo de fazer, o tempo dedicado à tarefa e os recursos humanos e materiais envolvidos são conhecidos. As práticas são desenvolvidas de forma uniforme.	A execução de acções é adequada e a delegação de tarefas também. Adiar e ignorar estímulos de acções surgem raramente. As pessoas sentem-se confiantes na função.	Cada trabalhador executa correctamente os procedimentos definidos em caso de imprevisto, incluindo o reporte da ocorrência e respectivo registo.	O grupo de trabalho assegura continuamente a verificação dos procedimentos de acordo com o definido no Suporte Estruturado da Informação.
Nível 2: Foco no básico	A informação relativa às acções desenvolvidas é recolhida, analisada, compreendida e trabalhada em função do seu valor para a empresa.	A empresa definiu práticas uniformes. As situações de dependência funcional são consideradas no exercício das tarefas.	A execução de acções é adequada perante o estímulo. Ainda existe uma inapropriada delegação de tarefas. Adiar e ignorar estímulos de acções surgem pontualmente.	Cada trabalhador conhece os procedimentos a adoptar e identifica as pessoas responsáveis pela solução de um problema imprevisto.	É escolhido o suporte estruturado da informação, estando definida a metodologia inerente, a sua construção, a sua actualização e os seus responsáveis.
Nível 1: Começando	Existem múltiplos suportes da informação, existindo divulgação das instruções por voz, folhetos, email's, manuais, etc.	As acções são desenvolvidas de forma autónoma e diversa de indivíduo para indivíduo. Cada trabalhador executa à sua maneira muitas das suas tarefas.	Ignorar e adiar são as respostas a diversos estímulos de acção, existindo demasiadas situações de delegação de tarefas. As pessoas sentem-se muitas vezes inseguras na execução.	Muitas vezes os funcionários resolvem os problemas como entendem ser conveniente não se fazendo qualquer tipo de registo relativamente às soluções adoptadas.	Não existe um suporte estruturado da informação único e de fácil acesso. Não existe método na forma como as normas internas são divulgadas pela organização.
Colocar uma marca amarela assinalando o nível de desempenho SEI de cada área	**Informação**	**Acções Práticas**	**Resposta Sentimento**	**Gestão de Imprevistos**	**Implementação Manutenção**

Figura 65 - SEI: Níveis organizacionais

2.8 SIMPLIFICAÇÃO FOCALIZADA

Simplificação Focalizada

A Simplificação Focalizada é uma prática nas organizações que procura explorar a criatividade dos seus colaboradores.

Quando efectuada com sucesso, resulta num benefício claro para toda a empresa e para os seus clientes.

Toda a empresa efectua uma promessa de serviço. Essa promessa, na perspectiva do cliente, pode ou não ser cumprida.

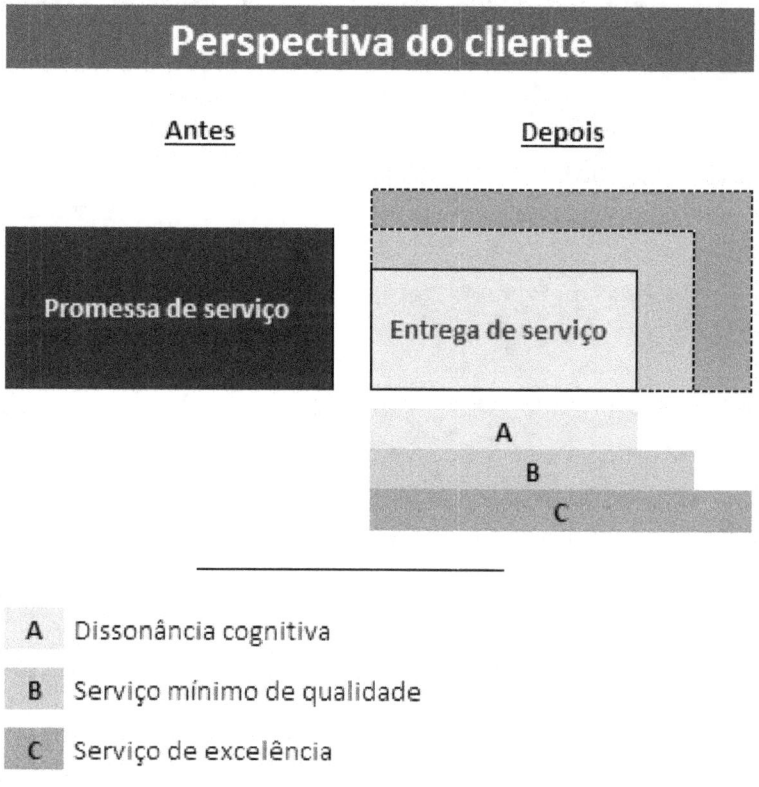

Figura 66 - Perspectiva do cliente

Em "A", o nível de serviço que é prestado ao cliente, é percepcionado como sendo inferior ao que foi prometido antes da compra, ocorrendo um desencontro no cliente entre o sentimento de satisfação antecipada antes da compra, e o sentimento de satisfação experimentado após a compra. Perante este tipo de experiências, o cliente tende a procurar a concorrência.

Em "B", na perspectiva do cliente, o nível de serviço prestado corresponde ao nível de serviço esperado antes da compra. O cliente sente-se satisfeito, na medida em que obteve o que pretendia, de harmonia com o acordo celebrado entre as partes.

Em "C", a empresa surpreendeu positivamente o cliente, superando as suas expectativas iniciais em relação ao nível de serviço a receber. É esta a situação na qual o cliente afirma com satisfação: "Excelente!".

É aqui que a criatividade faz a diferença!

A criatividade é algo que deve surgir diariamente nas empresas, porque é preciso prestar um serviço de excelência, sem cobrar excessivamente pela melhoria.

As pessoas não valorizam todas a mesma experiência, da mesma forma, no mesmo momento. As empresas de excelência situam os seus padrões de serviço nas situações "B" e "C". As empresas medíocres posicionam-se predominantemente em "A".

Ainda que exista um determinado conjunto de circunstâncias que possam apresentar dificuldades temporárias à boa prestação de serviço, nas empresas, onde há espaço para os colaboradores exprimirem a sua criatividade, criam-se condições para que um serviço de base, tipo "A" ou tipo "B", possa ser percepcionado pelos clientes como um serviço tipo "B" ou tipo "C".

Se fizermos sempre tudo da mesma maneira, como podemos surpreender?

O nível de expressão da criatividade individual assume um papel importante na capacidade competitiva da organização.

Para que a criatividade se possa manifestar em pleno, as pessoas têm de sentir que têm liberdade de expressão, e que as suas ideias podem ser aceites.

Antes de estimular, é preciso libertar o pensamento divergente. Promover a criação de opções no seio da organização, e permitir que as ideias, para tornar as coisas mais simples, possam ganhar forma.

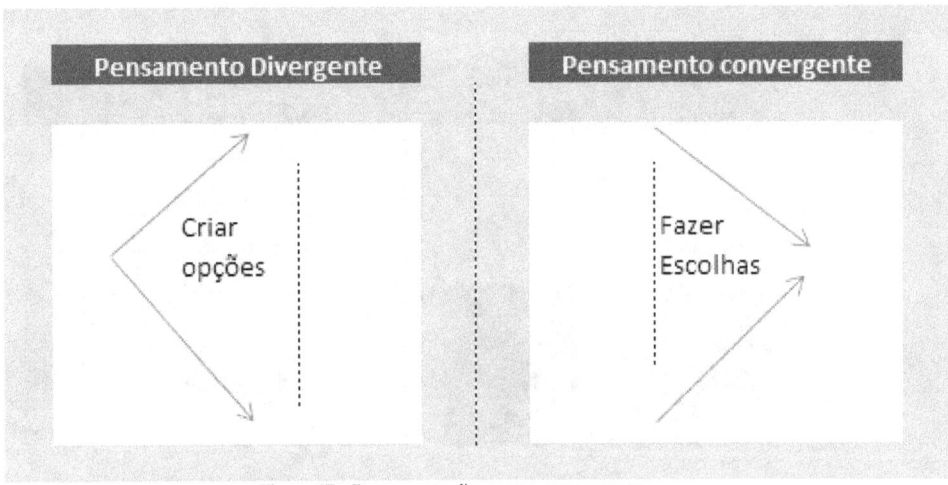

Figura 67 - Pensamento divergente-convergente

Habitualmente, enquanto o pensamento divergente encerra maiores cargas emocionais, estando mais próximo dos sentimentos profundos das pessoas, o pensamento convergente assume o predomínio da componente racional, procurando concluir sobre as melhores soluções para os problemas que se apresentam.

Ambos são importantes. Ambos são influentes. Ambos devem ser tidos em conta.

Quando James Wood Young escreveu o livro: "A Technique for Getting Ideas", sobre a metodologia para ter ideias, definiu princípios e métodos fundamentais para termos sucesso.

Os princípios são os seguintes:
1º A ideia é uma combinação nova de elementos velhos.
2º A capacidade para encontrar combinações novas de elementos velhos, depende da habilidade para detectar relações entre as coisas.

O primeiro passo no método de produção de ideias consiste na recolha de material bruto, em termos genéricos, e em termos específicos. Em termos específicos, significa aprofundar o conhecimento muito para além da superfície, procurando a individualidade das relações que conduzem a uma ideia.

A recolha de material implica escutar sem subestimar as ideias dos outros. Observar sem fazer juízos de valor. Ser curioso sobre o porquê das coisas. Reflectir sobre as possibilidades, sem considerar como certa nenhuma em particular.

Yonathan Dominitz, o guru da criatividade empresarial e fundador da Mindscapes (themindscapes.com), defende que inspiração e praticabilidade têm de seguir o seu caminho de mãos dadas.

A concretização prática de uma ideia, obriga-nos a separar os conceitos de ideia e inovação.

A criatividade é um processo individual. A ideia surge na mente de alguém.

A inovação é um processo colectivo. A ideia trabalhada em grupo conduz a uma mudança de percepção.

Enquanto a criatividade é a ideia em si mesma, a inovação é a concretização dessa ideia.

Normalmente, a criatividade nas empresas é desperdiçada em quantidades colossais. De um modo geral, a liberdade para expor ideias à crítica colectiva está limitada aos departamentos de Marketing, no domínio da publicidade, e de Investigação e Desenvolvimento, na concepção de novos produtos.

É frequente ocorrer um desperdício significativo, da capacidade criativa dos restantes membros da organização.

Em muitas empresas, assistimos já à existência de espaços concretos dedicados à recolha de sugestões, de qualquer trabalhador.

O que é importante, é que as pessoas se sintam confiantes para fazer uma sugestão, sempre que identificam uma oportunidade de melhoria, independentemente da função que ocupam na empresa, sem receio da crítica e no âmbito de um espírito construtivo de entrega à organização.

Para tal, é importante que exista diálogo e comunicação entre os diversos sectores de conhecimento e áreas de actuação, de modo a que associações, e combinações inovadoras, possam surgir como resultado das diversas perspectivas individuais.

Não se pode permitir que aspectos de personalidade impeçam algum funcionário de dar o seu contributo. O tímido ou o calado podem pensar tão bem, ou melhor que uma pessoa extrovertida. Muito provavelmente, pensam diferente. Essa diferença de perspectivas acrescenta valor à empresa, se todos se manifestarem.

A forma como as sugestões são trabalhadas, e aproveitadas, difere de empresa para empresa.

Como valorizar um extenso rol de sugestões e decidir quais se devem colocar em prática?

Em muitas empresas, esta decisão está confinada a um leque restrito de pessoas, próximas do topo da empresa. Nestes cenários, a decisão pela implementação das sugestões passa pelo encontro dessas sugestões com as suas próprias perspectivas individuais, limitando o desempenho da organização.

Esta não será a melhor forma de proporcionar o crescimento colectivo.

É importante que todos, incluindo os mais altos responsáveis da empresa, tenhamos consciência do quanto somos limitados pelas nossas experiências. A nossa capacidade de visão das coisas pode ser amplificada, se olharmos para as diferentes perspectivas que outros nos podem trazer.

É verdade que o conhecimento mais profundo da organização, inerente a determinadas funções, pode conferir uma maior capacidade de julgamento racional na tomada de decisão, mas esse julgamento pode ser feito, tanto quanto possível, aceitando como correctas as perspectivas de outras pessoas.

A valorização prática das sugestões é um desafio para as organizações.

Quando essa valorização é feita no respeito das diferentes perspectivas individuais, talvez seja o principal passo que permite potenciar a criatividade individual, em benefício do colectivo.

Tal como já foi referido anteriormente, a Simplificação Focalizada é um processo envolvente de integração das pessoas, e departamentos constituintes de uma organização, que permite a obtenção de ganhos de produtividade nas empresas.

A simplificação visa encontrar uma solução para um problema, que permita a obtenção do mesmo resultado final com menos esforço.

A focalização consiste em concentrar a nossa energia naquilo que é verdadeiramente importante: a tarefa em curso.

A SF - Simplificação Focalizada consiste em aproveitar a diversidade de perspectivas, inerentes às individualidades que compõem a organização, utilizando todo esse potencial criativo, de acordo com as prioridades da empresa.

Quando o processo de SF – Simplificação Focalizada está implementado, a empresa obtém ganhos significativos de competitividade, fruto da concentração das sugestões dos seus trabalhadores, na solução dos problemas individuais e colectivos.

"A simplicidade consiste em subtrair o que é óbvio e adicionar o que tem significado."

John Maeda

Vantagens inerentes:
- Redução de custos;
- Maior eficiência operacional;
- Maior capacidade de inovação;
- Maior nível de excelência, ou seja, maior capacidade de surpreender pela positiva.

Apresentam-se alguns desafios:
- Obter a integração e envolvimento de todos os trabalhadores;
- Valorizar as sugestões inerentes às diferentes perspectivas individuais, com objectividade, respeito pelas diferenças, e sem fazer juízos de valor;
- Assegurar que as sugestões, não implementadas, não constituam qualquer fonte de insatisfação nos funcionários que as formularam;
- Definir uma metodologia de recolha, tratamento e implementação das sugestões, que permita assegurar a eficácia do processo.

Com a criação do processo de Simplificação Focalizada, pretendemos garantir o cumprimento de dois princípios fundamentais:
1- Curiosidade e Envolvimento
2- Dinâmica e Eficiência

Curiosidade e Envolvimento

Quando a curiosidade domina o nosso pensamento, procuramos perceber o porquê das coisas, e não nos limitamos a fazer o que quer que seja, apenas porque sempre se fez assim. Quando percebemos o que nos rodeia, passamos a estar em condições de estabelecer relações entre as coisas, encontrando, muitas vezes, soluções únicas e apropriadas para um determinado problema.

É preciso que essa curiosidade seja colocada ao serviço da organização, promovendo o envolvimento individual de cada colaborador no processo de SF – Simplificação Focalizada.

Dinâmica e Eficiência

Se a mudança é uma constante da vida, qual é o valor da estabilidade?

A resistência à mudança está inerente aos receios naturais que o ser humano tem, relativamente ao perigo que o desconhecido representa. A resistência à mudança, por parte dos funcionários, acarreta custos para as organizações.

António Damásio constatou que por trás da singularidade individual está a estabilidade.

A aquisição de uma dinâmica de progresso implica a adopção de processos de simplificação, através dos quais a expressão da criatividade individual se exerça sobre uma determinada realidade, conhecida por todos.

Se o conjunto de sugestões de simplificação for avaliado segundo uma metodologia conhecida, respeitadora das diferentes perspectivas individuais e agregadora do interesse colectivo, a organização consegue obter importantes ganhos de eficiência, na medida em que irá implementar as alterações que se impõem em cada circunstância.

A empresa consegue converter "interesses em comum" em "interesse comum".

O valor de uma sugestão individual para a organização depende do benefício que traz ao colectivo.

O trabalho em equipa assume sempre uma dinâmica própria, inerente aos elementos que a constituem.

Existem aspectos identificados, por diversos autores, que caracterizam a dinâmica do trabalho em equipa.
Se a Equipa funciona como um único corpo, então verificar-se-ão as seguintes três premissas:

1- A participação é equilibrada e distribuída por todos;

2- Há renúncia à posição individual;

3- Há complementaridade das capacidades individuais.

Quando a equipa funciona verdadeiramente, os elementos consideram-se colectivamente responsáveis.
A comunicação é verdadeira.
As opiniões divergentes são estimuladas.
Respeito, mente aberta, união e cooperação são valores consolidados no grupo de trabalho
Participação e compromisso são os princípios básicos da acção.

A eficiência implica que não existem desperdícios, no processo de obtenção de resultados. Consequentemente, há necessidade da empresa ter a capacidade para aproveitar todo o potencial latente no grupo de trabalho.

Procuramos implementar uma dinâmica colectiva de progresso, financiada pela busca permanente da eficiência, necessária para a consistência a longo prazo.

O princípio de Dinâmica e Eficiência assenta no reconhecimento da necessidade, de manter a busca permanente pela melhoria eficiente, e tem de estar subjacente na metodologia do processo de Simplificação Focalizada.

Antes de concretizar a prática de implementação do método de Simplificação Focalizada, é importante reflectirmos, sobre a forma recente, como as empresas têm lidado com a criatividade dos seus colaboradores.

Até ao final do século XX, as empresas sentiram sérias dificuldades para lidar com as sugestões e a criatividade dos seus colaboradores, com um mínimo de eficácia.

Emergem dois aspectos como principais condicionantes da eficácia das empresas:

1- Por vezes, as sugestões são inadequadas, ou seja, os colaboradores em geral têm tendência para apresentar sugestões de melhoria, que resultam na melhoria imediata do seu próprio bem--estar, ou sugestões que têm implícitas uma carga crítica à gestão de topo da empresa. Em ambos os casos, é aceitável que para a organização possa não fazer sentido implementar as sugestões.

2- Perante a sugestão de um colega, é frequente surgir outro colaborador com uma contra sugestão que enfraquece a sugestão inicial ou que a altera, estabelecendo-se formas de debate pouco construtivo que não favorecem a produtividade da empresa.

A importância do aproveitamento da criatividade existente na empresa, aliado à pressão pela obtenção de ganhos de competitividade, levou as organizações a desenvolverem os seus próprios processos de recolha de ideias novas, procurando fazê-lo num ambiente controlado.

Surgiu o recurso crescente aos processos de "brainstorming" e de "fast brainstorming".

No processo de "brainstorming", as empresas fomentam reuniões sobre temas variados entre os seus colaboradores, procurando que do debate de ideias possam surgir ideias inovadoras (ideias inovadoras = ideias criativas que possam ser colocadas em prática).

Estas reuniões são consumidoras de tempo, e têm inerente um conjunto de custos, que nem sempre é rentabilizado pelas organizações.

Surgiu então a evolução para as reuniões de "fast brainstorming".

No "fast brainstorming" reúne-se um conjunto vasto de colaboradores, sobre alguns temas fundamentais para a organização.

Divide-se o grande grupo em grupos mais pequenos, entregando-se a cada pequeno grupo um único tema.

Distribui-se, rapidamente, um conjunto de post-its por cada elemento, e pede-se que apontem as suas sugestões de resolução dos problemas (ou aproveitamento de oportunidades), relativas ao tema pelo qual o seu pequeno grupo é responsável.

Recolhem-se as informações individuais, e agrupam-se as quatro ou cinco soluções que surgem como as mais comuns no seio de cada pequeno grupo.

Agrupa-se a informação recolhida inerente às quatro ou cinco soluções a aplicar a cada tema, e divulga-se por todos.

Consegue-se uma divulgação rápida do que parecem ser as boas práticas da organização, nos temas chave para a empresa, com uma maior produtividade, relativamente às reuniões de "brainstorming".

No que diz respeito ao aproveitamento da criatividade, os dois processos apresentam limites que revelam a sua ineficácia:

"Brainstorming" As pessoas são condicionadas pela sua personalidade. Nem todas se exprimem publicamente com a mesma clarividência e à vontade, e muitas sentem-se inibidas em apresentar as suas sugestões, mesmo quando acreditam que as suas ideias são preferíveis às existentes.

As pessoas são condicionadas pela presença da pressão para que se produzam ideias.

"Fast brainstorming" Além das anteriores, o processo é também condicionado pela ausência de diálogo, e pela reduzida partilha de experiencias, deixando, muitas vezes, nos participantes uma sensação de que a reunião foi apenas tempo perdido (por vezes chamada de "falso brainstorming").
Uma boa ideia pode ser rejeitada unicamente por estar em minoria, não chegando sequer a ser debatida.

As ideias não surgem quando queremos.

As boas ideias surgem inesperadamente, após um período de processamento mental da informação que lhes dá forma. Surgem no banho, a fazer a barba, durante uma viagem de carro, ao tomar café, ao olhar para algo, etc.

Ter sempre à mão algo onde registar uma ideia, pode ser boa ideia!... ☺

Com o desenvolvimento e massificação da utilização dos recursos informáticos nas organizações, a criação de um processo eficiente de recolha de sugestões, pode permitir aproveitar o potencial criativo das empresas.

Os princípios da "Curiosidade e Envolvimento" e "Dinâmica e Eficiência" têm de sobressair, para que possamos concluir que o processo de Simplificação Focalizada é preferível às alternativas que temos em curso.

Debrucemo-nos sobre um caso prático inerente à gestão de um serviço de transporte público de passageiros, que nos ajuda na definição do método para a implementação do processo de Simplificação Focalizada.

O gestor de um serviço regular de transporte colectivo de passageiros era responsável pelo circuito que os autocarros da sua empresa efectuavam por uma pequena povoação situada à beira-mar.
Devido às irregularidades do terreno, apenas se entrava e saía da povoação pelo mesmo sítio.
Existiam duas paragens de autocarro na povoação localizadas de forma a dividir em partes iguais a população residente, quer em termos de número de habitantes, quer em termos de distância a deslocar-se a pé até à paragem do autocarro.
Estas paragens estavam devidamente negociadas e autorizadas com as autoridades locais.
Os autocarros entravam na povoação fazendo o circuito indicado no mapa com a linha verde.
Recolhiam os passageiros na paragem "A", seguiam até à paragem "B", recolhiam os passageiros e regressavam pela mesma estrada, única adequada ao trânsito rodoviário frequente.

Figura 68 - Contexto do transporte de passageiros

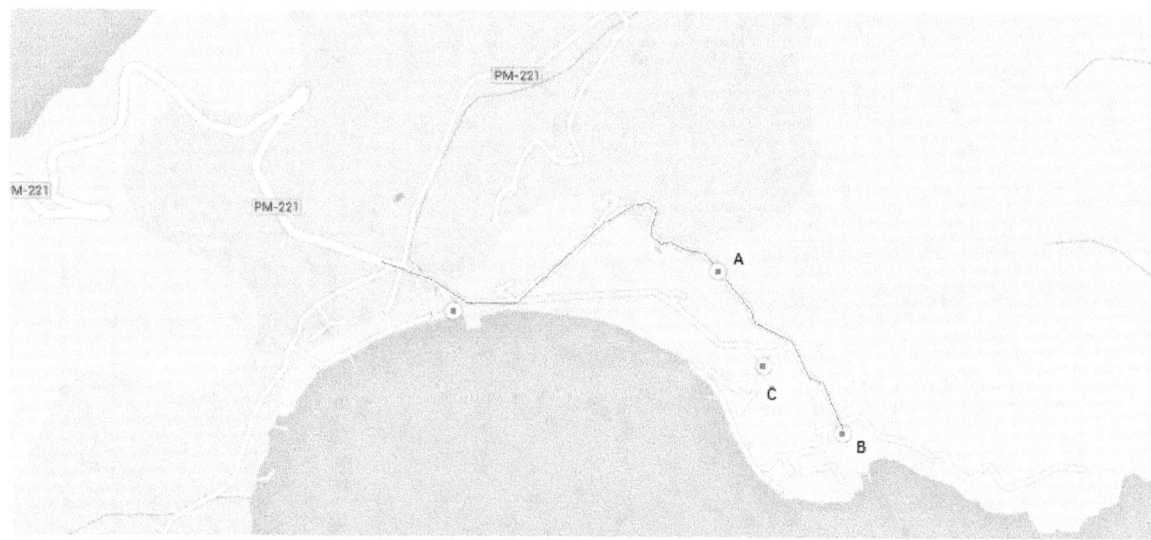

Figura 69 - Localização das paragens

Um dia, um residente da povoação reclamou por escrito para a empresa, sugerindo que se eliminasse a paragem de autocarros em "B" e se efectuasse uma nova paragem de autocarros em "C".

Justificou este pedido afirmando que preferia subir 100 metros da sua residência até à paragem "C" do que ter que descer 500 metros até à paragem "B".

O gestor do serviço regular de transporte colectivo de passageiros percebeu de imediato que a origem do pedido se devia exclusivamente à conveniência pessoal de um cliente.

Qual seria a sua decisão?

Figura 70 - Problema para o gestor

Eis o que o gestor fez...

Analisando do ponto de vista da empresa, a alteração solicitada não representava uma alteração significativa em termos de custos, uma vez que os percursos a efectuar pouco se alteravam.

Em termos práticos, seria necessária uma autorização das autoridades locais para a empresa poder efectuar a alteração solicitada.

Decidiu então levantar um inquérito de opinião junto de todos os passageiros que utilizavam os seus serviços de transporte público de passageiros daquela localidade. Elaborou uma informação simples explicando que se ponderava a possibilidade de alterar a segunda paragem do autocarro na localidade de "B" para "C" e solicitava em seguida que os passageiros se manifestassem a favor ou contra e se identificassem, salvaguardando que cada passageiro se manifestava uma única vez.

Os motoristas foram instruídos para efectuar a recolha desta informação durante um mês.

Surpreendentemente, decorrido um mês, não existiam oposições à alteração da localização da paragem de autocarro e estava reunida uma percentagem superior a 80% de votos favoráveis a que se efectuasse a alteração.

O gestor entrou em contacto com as autoridades locais e solicitou a alteração da localização da segunda paragem de autocarro no interior da localidade, justificando o pedido com a solicitação inicial do cliente e com os resultados do inquérito específico desenvolvido para o efeito junto dos utilizadores do serviço.

Figura 71 - Gestor: Processo de resolução

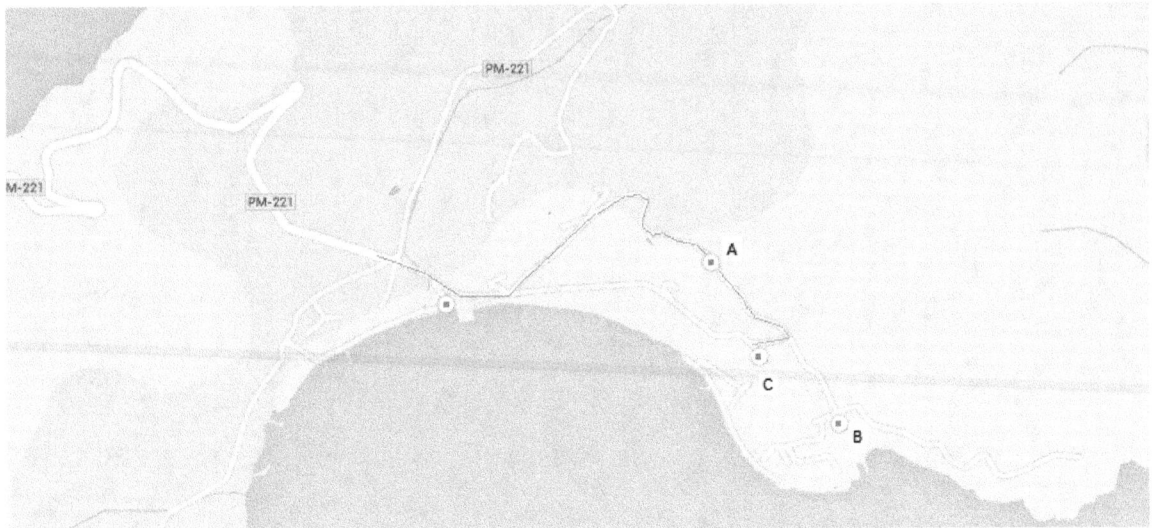
Figura 72 - Nova localização das paragens

A paragem "B" foi desactivada e o circuito dos autocarros no interior da localidade passou a ser o indicado no segundo mapa.

Curioso, o gestor indagou quais os motivos pelos quais ninguém deduziu oposição à desactivação da paragem de autocarro em "B". Apurou que a parte baixa da cidade era habitada por famílias que se habituaram à utilização de carro próprio, em residências tipo moradia e de maior dimensão.

Concluiu que a paragem em "B" tinha muito menos utilidade que a paragem em "C" e que a localização em "C" servia até o interesse de um maior número de habitantes residentes na povoação.

Figura 73 - Aprofundar o conhecimento da realidade

A abordagem efectuada pelo gestor à situação colocada teve diversos méritos:

1- Definiu o problema;
2- Abordou o problema livre de preconceitos, sem dar como correcta a localização inicial das paragens: observou sem fazer juízos de valor;
3- Efectuou a recolha de informação adicional;
4- Contextualizou a medida no quadro de eficiência operacional da sua empresa;
5- Verificou e validou os resultados obtidos, concluindo sobre a melhor decisão para o interesse de todos.

Na busca pelo método propriamente dito, a abordagem tipificada no método científico para a resolução de problemas, talvez seja apropriada neste contexto empresarial:

1- Definição do problema;
2- Recolha de dados;
3- Formulação da hipótese (sugestão);
4- Teste ou experiência (verificação da validade);
5- Conclusão (análise dos resultados).

Analogamente, o método para a implementação do processo de Simplificação Focalizada inicia-se com a identificação do problema/oportunidade, apresenta uma hipótese de sugestão de resolução/acção, verifica critérios de eficiência, valida a sugestão e, nesse caso, define um plano de acção.

Relativamente ao método científico, no processo de Simplificação Focalizada não ocorre um período de recolha de dados antes da formulação da sugestão. A sugestão surge e é efectuada a recolha de informação, que permita concluir sobre a sua implementação. A conclusão sobre a sua implementação assenta em três critérios claros de eficiência: benefício, economia e facilidade de implementação.

Esquematicamente:

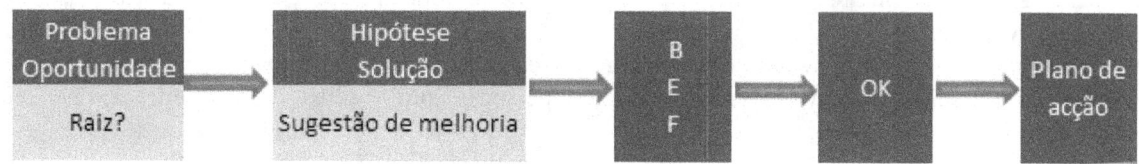

Figura 74 - Simplificação Focalizada, esquema básico

Pretende-se explorar a criatividade individual em benefício do colectivo. Procuramos que as pessoas que trabalham na empresa encontrem formas de tornar mais simples o quotidiano de todos, que possam comunicar essa informação e que a sua implementação seja breve, sempre que possível.

A forma mais eficaz de o conseguirmos passa pelo princípio que toda a sugestão deve ser implementada, e actuarmos como tal. Só dessa forma, podemos ser genuínos na aceitação da sugestão alheia, como uma verdadeira possibilidade de solução.

A implementação da ideia ficará, sempre, condicionada à praticabilidade e eficiência que a ideia exibir, ou que for possível conferir à ideia.

Partindo do princípio que toda a sugestão deve ser implementada, faz com que se analise a possibilidade de o fazer. E esta atitude, por si só, constitui um estímulo para que todos os elementos da organização se sintam motivados a participar.

Constitui uma autorização interna para que a nossa perspectiva das coisas possa mudar.

Se o primeiro passo da metodologia é partir do princípio que toda a sugestão deve ser implementada, o segundo passo consiste na criação de um processo expedito de recolha e tratamento de sugestões.

Este processo de recolha e tratamento de sugestões tem de potenciar e explorar a criatividade individual.

Para o fazermos, não basta sugerir a recolha de ideias. Tem também de se motivar o debate das ideias. A dificuldade consiste em fazê-lo de forma prática, e sem que se comprometa a produtividade individual dos colaboradores.

Vamos por partes. Neste segundo passo, primeiro temos de recolher a ideia. Só depois temos de promover o debate da ideia.

Com o auxílio das ferramentas informáticas, algumas empresas possuem já um pequeno formulário dedicado à recolha de sugestões, por parte dos seus colaboradores. Recolhida a sugestão, a mesma é analisada pelo departamento responsável e estabelecem-se conclusões relativamente à sua implementação. Muitas vezes, o debate relativo à ideia apresentada é nulo ou fraco, quer no que respeita às perspectivas consideradas, quer no que respeita ao envolvimento que motiva por parte dos outros colaboradores, não participantes directamente no processo. Habitualmente, o maior ou menor envolvimento dos diferentes departamentos constituintes da empresa depende directamente da decisão do primeiro responsável pela recepção das sugestões. O debate de ideias começa por ser condicionado pelo "recepcionista" da sugestão, e é depois também limitado pelo número e função das pessoas que se pronunciam relativamente à sugestão.

Para além do decisor, tanto em caso de implementação como em caso de rejeição ou arquivo da ideia, raramente existe na empresa uma percepção clara relativamente ao porquê do desfecho final.

Quando nas empresas, se promove que a sugestão apresentada por um colaborador seja submetida ao comentário dos restantes, consegue-se obter quase de imediato um processo automático de melhoria da sugestão inicial.

As ideias, raramente, nascem perfeitas. Quando submetida a debate, as pessoas aperfeiçoam a ideia inicial. O resultado final supera a soma das partes.

Todos dão o seu contributo. Todos sentem que o resultado final tem um bocadinho de si.

O terceiro passo da metodologia consiste na obtenção da validação da sugestão.

É necessário que exista uma análise expedita, que sendo rápida e objectiva, possa facilitar a tomada de decisão quanto à sua implementação.

"Quanto mais simples nós somos, mais completos nos tornamos."

August Rodin

O facto de existirem diversas perspectivas sobre as quais se pode analisar a mesma situação, faz com que seja recomendável que se obtenha o parecer de todos os elementos da organização. Obtêm-se ganhos importantes de criatividade, objectividade e operacionalidade.

Obtém-se também o envolvimento de todas as pessoas, com ganhos de comunicação no seio da organização, funcionando o processo de Simplificação Focalizada como um processo de promoção do pensamento divergente, assente na premissa "todos pelo interesse comum".

A validação da sugestão é feita de forma prática, com base em três critérios objectivos:
- Benefício: efeito positivo para a organização;
- Economia: redução de custos ou aumento de proveitos;
- Facilidade de implementação.

Cada pessoa na empresa deve pronunciar-se quanto à percepção que tem da sugestão, relativamente a cada um destes três critérios. Para um funcionário da direcção financeira, poderá parecer de fácil implementação a sugestão de alteração ao programa de acompanhamento do saldo dos clientes, conforme referido no exemplo do "semáforo de sinalização de controlo de cobranças" (pág. 40), e para o departamento de informática, a mesma alteração poderá apresentar-se como virtualmente impossível de implementar. Cada departamento tem as suas próprias necessidades, dificuldades, limites e impedimentos, os quais nem sempre são percepcionados pelos colegas de outras áreas da empresa. Se todos se pronunciarem relativamente a uma dada sugestão, a gestão de topo da empresa obtém informação diversa e útil às dificuldades sentidas em diversas áreas (quer em quem sugere a melhoria, quer em quem apresenta a dificuldade na implementação), e no que respeita às facilidades e/ou potencialidades existentes, que podem não estar a ser aproveitadas.

Para cada um dos três critérios, os funcionários têm de analisar a sugestão, aprofundando a análise como a seguir se indica:

1- Benefício: Podemos ter benefícios...

    1.1 Materiais;

    1.2 Operacionais (melhoria da velocidade ou qualidade de execução);

    1.3 Comportamentais (indutor de boas práticas).

2- Economia: Podemos ter ganhos económicos...

    2.1 Por redução dos custos;

    2.2 Por aumento das receitas.

3- Facilidade de implementação: Podemos ter facilidade na implementação da sugestão por...

    3.1 Colocação em prática num curto espaço de tempo;

    3.2 Simplicidade dos recursos técnicos necessários;

    3.3 Simplicidade dos recursos materiais necessários;

    3.4 Simplicidade dos recursos humanos necessários.

Se cada colaborador emitir o seu parecer com base nestes três critérios, atribuindo uma pontuação de 1 a 5 a cada um, a tomada de decisão pode ser alicerçada não só no que parecem ser as necessidades da empresa, mas também no que é o potencial da empresa.

Muitas vezes, as sugestões recebidas e analisadas por um único centro decisor ficam enviesadas pela perspectiva do analista da sugestão, e limitadas pela habitual incapacidade do mesmo para ter uma percepção global, relativamente à facilidade de implementação da sugestão.

Uma sugestão valorizada com BEF (5,5,5), pela generalidade dos trabalhadores e que não regista qualquer notação 1 ou 2 nos três critérios, deve merecer análise séria por parte dos responsáveis da empresa. Significaria que todos os funcionários consideram que é uma sugestão **B**enéfica para a organização, **E**conómica e de **F**ácil implementação, sem que alguém afirme o contrário.

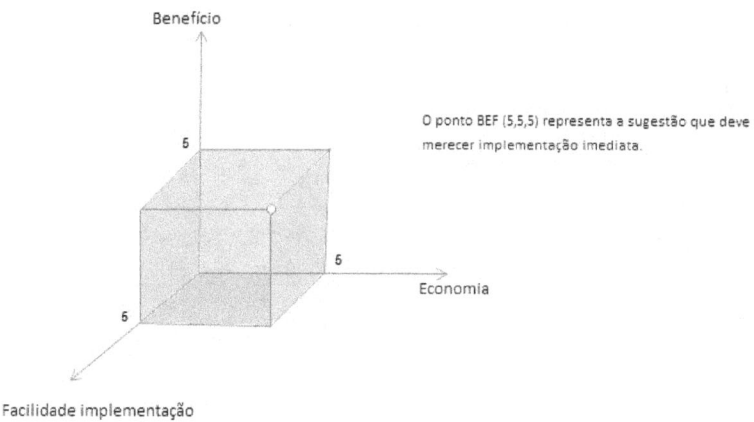

Figura 75 - Simplificação Focalizada, critérios de avaliação

O formulário de recolha de sugestões deve ser tão simples quanto possível, de modo a que o seu preenchimento e compreensão possam ser intuitivos.

		1	2	3	4	5
Benefício						
Economia						
Facil Implementação						

LOCAL _____ DATA ___/___/___ HORA ___:___
COLABORADOR _____ FUNÇÃO _____

Problema/Oportunidade:
_____
_____
_____

Problema raiz? SIM ☐ NÃO ☐

Sugestão base
_____
_____
_____

Sugestão prática
_____
_____
_____

Data limite recolha pareceres: ___/___/___
Data conclusão _____: ___/___/___
Data implementação _____: ___/___/___

Figura 76 - Simplifcação Focalizada, formulário de recolha

Nesta proposta, o formulário inicial identifica o colaborador que faz a sugestão, a data da sugestão, o problema ou oportunidade em causa, a sugestão base (ou a solução preconizada pelo colaborador), e a classificação do colaborador com base nos critérios de Benefício, Economia e Facilidade de implementação.

Quando esta sugestão entra no sistema informático, é desencadeado um alerta para que todos os colaboradores se pronunciem.

De acordo com as regras instituídas na empresa, existe um prazo limite para que todos se pronunciem, indicado pelo campo "Data limite recolha pareceres", garantindo que vai existir uma acção concreta de análise da sugestão, num período de tempo previamente definido.

Habitualmente, o cumprimento da emissão de pareceres por parte dos funcionários tem um caracter de obrigatoriedade, de modo a que se obtenha o máximo de eficácia desta ferramenta.

Cada colaborador irá analisar a sugestão e modificá-la, acrescentando a sua perspectiva individual de forma construtiva, e emitindo também a sua classificação relativamente aos critérios de focalização.

O campo de identificação de um problema, ou oportunidade raiz, é um auxiliar para a análise da gestão de topo da empresa, dado que é importante evitar a implementação de duas sugestões de solução para o mesmo problema, sendo estas soluções redundantes entre si.

Vejamos um exemplo prático.

LOCAL ___EP___ DATA _04_ / _23_ / _2014 HORA _10: 30_

COLABORADOR _José Rodrigues_ FUNÇÃO _Motor._

Problema/Oportunidade:

Existem veículos a circular com documentos comprovativos de seguro que se encontram caducados enquanto a documentação correcta está na sede da empresa. Se as autoridades investigarem a empresa será multada.

Problema raiz? SIM ☐ NÃO ☐

Sugestão base

Sugiro que se tire cópia da carta verde e se coloque na pala dos veículos de modo a que cada motorista possa conferir a documentação sempre que se senta ao volante, sendo mais fácil do que conferir todos os dias os documentos oficiais dos carros.

Sugestão prática

	1	2	3	4	5
Benefício			X		
Economia					X
Facil Implementaçao					X

Data limite recolha pareceres: _05_ / _23_ / _2014

Data conclusão ________: ___/___/_____

Data implementação _____: ___/___/_____

Figura 77 - SF: Caso prático 1.1

O funcionário José Rodrigues, com a função de motorista, identificou um problema relacionado com a inexistência de documentos de seguro automóvel válidos a bordo de alguns camiões da empresa, ficando a empresa exposta à possibilidade de ser multada pelas autoridades policiais por inexistência de comprovativo de seguro válido, para exibir perante as autoridades.

Sabe-se que os documentos correctos dentro da validade encontram-se na sede da empresa, mas é preciso que alguém se desloque aos escritórios com antecedência para levantar os documentos originais, e levá-los para a respectiva viatura.

Fez a sua proposta de solução para evitar que o problema se prolongue, uma vez que entende que a maior dificuldade consiste mesmo no facto dos motoristas terem a percepção clara da data de caducidade dos documentos, que se encontram nos camiões.

Identificou uma necessidade de intervenção, que ao ser resolvida vai contribuir para aumentar a rentabilidade da empresa, evitando os custos inerentes às complicações por inexistência de documentação válida, em caso de eventual acidente ou interpelação por parte das autoridades policiais, e sente que dá o seu contributo para melhorar a situação geral da empresa.

No dia seguinte, perante a sugestão do colega José Rodrigues, o funcionário Diego Costa limitou-se a classificar a sugestão com base nos critérios de focalização.

LOCAL _____ EP _____ DATA _04_ / _24_ / _2014_   HORA   _16: 17_
COLABORADOR __Diego Costa_____   FUNÇÃO _Motor._

Problema/Oportunidade:
Existem veículos a circular com documentos comprovativos de seguro que se encontram caducados enquanto
a documentação correcta está na sede da empresa. Se as autoridades investigarem a empresa será multada.
_____

Problema raiz? SIM ☐   NÃO ☐

Sugestão base
Sugiro que se tire cópia da carta verde e se coloque na pala dos veículos de modo a que cada motorista possa
conferir a documentação sempre que se senta ao volante, sendo mais fácil do que conferir todos os dias os
documentos oficiais dos carros.

Sugestão prática
_____
_____
_____

	1	2	3	4	5
Benefício					X
Economia					X
Facil Implementaçao					X

Data limite recolha pareceres: _05_ / _23_ / _2014_
Data conclusão _____ : ___ / ___ /_____
Data implementação _____ : ___ / ___ /_____

Figura 78 - SF: Caso prático 1.2

O funcionário Diego Costa limitou-se a aceitar a sugestão do colega. Já John Carter...

LOCAL _____ EP _____ DATA _04_ / _25_ / _2014_   HORA   _08: 00_
COLABORADOR __John Carter_____   FUNÇÃO _Motor._

Problema/Oportunidade:
Existem veículos a circular com documentos comprovativos de seguro que se encontram caducados enquanto
a documentação correcta está na sede da empresa. Se as autoridades investigarem a empresa será multada.

Problema raiz? SIM ☐   NÃO ☐

Sugestão base
Sugiro que se tire cópia da carta verde e se coloque na pala dos veículos de modo a que cada motorista possa
conferir a documentação sempre que se senta ao volante, sendo mais fácil do que conferir todos os dias os
documentos oficiais dos carros.

Sugestão prática
Sugiro que se coloque um autocolante no tablier da viatura, à vista de todos, com indicação da data limite
de validade do seguro da viatura. Deste modo, tanto quem vai a conduzir como quem é transportado podem
actuar no sentido de acautelar que a documentação está em ordem e o controlo é prático.

	1	2	3	4	5
Benefício					X
Economia					X
Facil Implementaçao					X

Data limite recolha pareceres: _05_ / _23_ / _2014_
Data conclusão _____ : ___ / ___ /_____
Data implementação _____ : ___ / ___ /_____

Figura 79 - SF: Caso prático 1.3

John Carter efectuou uma sugestão prática, de melhoria à sugestão base, formulada pelo motorista José Rodrigues.

Sem estarmos perante limites rígidos de tempo, três colaboradores emitiram já o seu parecer relativamente a um problema e uma possibilidade de solução, tendo sido apresentada uma proposta construtiva de melhoria da sugestão inicial.

O processo criativo tem um espaço para acontecer, acontece no tempo certo, sem pressões e com condições, para que se expresse o mais próximo possível do efectivo potencial de criatividade da organização.

Quando existem múltiplas sugestões práticas, os responsáveis na empresa, pelo acompanhamento deste processo, intervêm para definir a sugestão prática que se entende que melhor serve o interesse da empresa.

O problema é de todos. A solução também é para todos.

Vejamos como evolui um segundo exemplo prático.

Louise Kenway, funcionária do Departamento de Vendas do banco "ABC", considerou que a celebração do Mundial de Futebol 2014 constituía uma oportunidade para o banco que poderia ser explorada.

Consequentemente formalizou a sua sugestão:

Figura 80 - SF: Caso prático 2.1

Tom Peters, do departamento de marketing da empresa, habituado a orçamentar este tipo de acções, considerou que a ideia da colega Louise Kenway é boa, mas tal como está carece de aplicabilidade prática.

Ele tem dificuldade em orçamentar o projecto, pois o número habitual de clientes depositantes ao longo do mês apresenta uma variância estatística assinalável.

| LOCAL _____EP_____ | DATA _11_ / _23_ / _2013_ | HORA _09: 48_ |
| COLABORADOR   Tom Peters | | FUNÇÃO _Mkt Cs._ |

Problema/Oportunidade:
Em 2014, o Mundial de futebol no Brasil proporciona-nos uma oportunidade para dinamizarmos a nossa marca
retirando algum proveito do evento.

Problema raiz? SIM ☐   NÃO ☐

Sugestão base
Por cada 100.000 clientes que façam depósitos no nosso banco entre 01 e 31 de Maio/2014 sorteamos uma
viagem para duas pessoas assistirem no Brasil à final e cerimónia de encerramento.
Promovemos o slogan: "Vale a pena ser cliente "ABC"!

Sugestão prática
Em Maio de 2014, fazemos 4 sorteios por semana entre os nossos clientes para oferecer uma viagem para duas
pessoas irem ao Brasil assistir à final do Mundial/2014 e respectiva cerimónia de encerramento. Deste modo
podemos controlar os custos da promoção sabendo que temos de salvaguardar 4 viagens.

	1	2	3	4	5
Benefício					X
Economia			X		
Facil Implementação					X

Data limite recolha pareceres: _12_ / _21_ / _2013_
Data conclusão _____: ___/___/_____
Data implementação _____: ___/___/_____

Figura 81 - SF: Caso prático 2.2

Tom Peters manifestou a sua preocupação, pela necessidade de controlo de custos e operacionalização da operação. Louise Kenway identificou a oportunidade e sugeriu uma promoção que garantisse um retorno para o banco "ABC", que se materializaria na forma dos depósitos dos clientes.

Com a sugestão de Tom Peters, ganhou-se em objectividade prática com a definição exacta do orçamento necessário para a promoção, mas, ao não mencionar a necessidade dos depósitos por parte dos clientes, perdeu-se o incentivo para retirar um retorno adicional da promoção.

Enquanto Louise Kenway atribui uma classificação BEF(4,4,4), Tom Peters considera BEF(5,3,5).

Sempre que ocorre uma sugestão prática sobre a sugestão base, os responsáveis na empresa pelo acompanhamento do processo de "SF – Simplificação Focalizada" vão redefinir a sugestão base, de modo a que esta surja já consolidada para classificação por parte dos restantes colaboradores.

Esta acção é importante porque se retira um maior proveito da criatividade latente na empresa, proporcionando uma evolução focalizada nos três aspectos fundamentais (Benefício, Economia e Facilidade de implementação), sem que sejam emitidos juízos de valor precipitados relativamente a qualquer tipo de sugestão, ao mesmo tempo que a gestão de topo consolida a sua percepção, relativamente às diferentes perspectivas sobre as quais os funcionários da empresa abordam um mesmo problema.

A redefinição na sugestão base foi feita pelos responsáveis, de modo a aproveitar o objectivo de aumento dos depósitos dos clientes, preconizado por Louise Kenway, e mantendo o domínio sobre os custos do projecto, tal como sugeriu Tom Peters:

Sugestão base
De 01 a 31 de Maio/2014 faremos um sorteio por semana entre os nossos clientes que façam depósitos nesse
período. Sorteamos uma viagem para duas pessoas assistirem no Brasil à final e cerimónia de encerramento do
Mundial 2014. Sorteios a 09, 16, 23 e 30 de Maio. "Vale a pena ser cliente do banco "ABC"!

Figura 82 - SF: Caso prático 2, ajustamento da sugestão base

A funcionária Anna Carmo, em Cityplace, já se deparou com um layout diferente da sugestão, e fez assim a sua participação no processo.

LOCAL _____ Cityplace _____	DATA _12_ / _03_ / _2013_	HORA	_16: 41_
COLABORADOR __Anna Carmo_____		FUNÇÃO	_Front O._

Problema/Oportunidade:

Em 2014, o Mundial de futebol no Brasil proporciona-nos uma oportunidade para dinamizarmos a nossa marca retirando algum proveito do evento.

Problema raiz? SIM ☐   NÃO ☐

Sugestão base

De 01 a 31 de Maio/2014 faremos um sorteio por semana entre os nossos clientes que façam depósitos nesse período. Sorteamos uma viagem para duas pessoas assistirem no Brasil à final e cerimónia de encerramento do Mundial 2014. Sorteios a 09, 16, 23 e 30 de Maio. "Vale a pena ser cliente do banco "ABC"!

Sugestão prática

	1	2	3	4	5
Benefício					X
Economia					X
Fácil Implementação					X

Data limite recolha pareceres: _12_ / _21_ / _2013_
Data conclusão _____: ___/___/_____
Data implementação _____: ___/___/_____

Figura 83 - SF: Caso prático 2.3 (sugestão base modificada)

Anna Carmo entendeu nada ter a acrescentar à sugestão base, agora em análise e limitou-se a classificar a sugestão.

Embora possa não parecer, é extremamente importante a recolha desta informação.

Para Anna Carmo, a ideia é benéfica, económica e de fácil implementação.

Se a larga maioria dos funcionários tiver este mesmo sentimento, e a gestão de topo concluir que não é viável a sua implementação, é necessário que se explique aos colaboradores o porquê da sua inviabilidade.

Deste modo, a gestão de topo demonstra o seu respeito pela opinião das pessoas que constituem a organização, valoriza a sua participação e exprime-se de acordo com o que são as verdadeiras necessidades da organização.

Se a classificação global de uma sugestão não for positiva, todos os funcionários aceitam, com naturalidade, que a sugestão não seja viabilizada.

Para se concluir sobre a validação da sugestão temos de recolher a classificação de todos os trabalhadores da empresa (ou de uma larga maioria – como por exemplo: 90,0% - nos casos em que se torna impossível assegurar a participação de todos, em tempo útil, quando as empresas são demasiado grandes), e agregá-la nos seus somatórios.

Por exemplo, para uma empresa com dez trabalhadores, as classificações BEF de uma determinada sugestão podiam ser as seguintes:

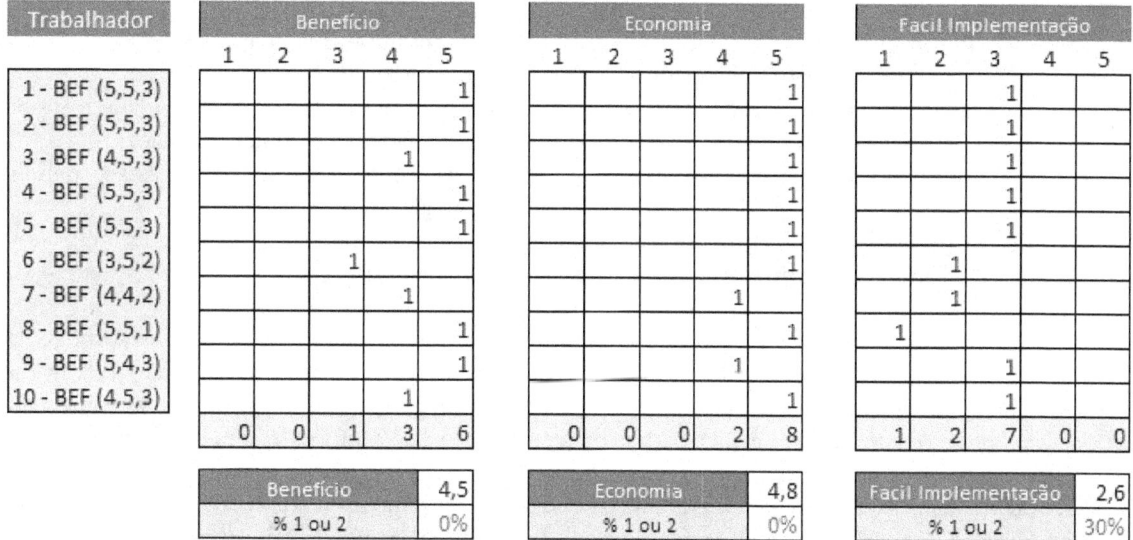

Figura 84 - SF: Processo de cálculo BEF

Benefício = (1 x 0/10) + (2 x 0/10) + (3 x 1/10) + (4 x 3/10) + (5 x 6/10)
Economia = (1 x 0/10) + (2 x 0/10) + (3 x 0/10) + (4 x 2/10) + (5 x 8/10)
Fácil Implementação = (1 x 1/10) + (2 x 2/10) + (3 x 7/10) + (4 x 0/10) + (5 x 0/10)
% 1 ou 2 (Benefício) = (0+0)/10
% 1 ou 2 (Economia) = (0+0)/10
% 1 ou 2 (Fácil Implementação) = (1+2)/10

Neste exemplo, a classificação final da sugestão seria BEF (4.5; 4.8; 2.6).

Os intervalos de valores a verificar para validar uma sugestão, dependem do que é definido pela empresa como "valores mínimos de aceitação".

A empresa pode definir que a existência de valores 1 e 2 em percentagens superiores a 20,0% em qualquer dos critérios de avaliação, inviabilizará a implementação da sugestão.

A empresa pode também definir como sendo necessário uma classificação global superior a "4", nos três critérios de focalização para que se possa validar a implementação da sugestão.

Concluindo-se sobre a validação da sugestão, o quarto passo da metodologia respeita à definição dos termos de implementação da sugestão, definindo o respectivo "Quadro de actividades por medida" (ver pág. 24), ou seja, definindo como, quem, com quê e quando se vai implementar a sugestão.

Quadro de Actividades Por Medida

Medidas	Responsável	Intervenientes	Duração	Custos	Cronograma
Medida 1	xyz	...		1500	Set - Nov
Acção 1	jyk	...	2 h		Set
Acção 2	qwe	...	2 h		Out
Medida 2	xyz	...		2000	Set - Dez
Acção 1	abc	...	3 h		Nov
...	...	...			

Figura 85 - SF: Quadro de actividades por medida

O quinto e último passo da metodologia é a devida divulgação das conclusões, relativas ao processo, quer em caso de implementação, quer em caso de não implementação.

Resumindo passo a passo, a metodologia é a seguinte:

1. Partir do princípio que toda a sugestão deve ser implementada;
2. Criar um processo expedito de recolha e tratamento de sugestões;
3. Submeter a sugestão à análise de diversas perspectivas, com objectividade e suporte em três critérios básicos: benefício, economia e facilidade de implementação;
4. Concluir rapidamente sobre os termos da implementação da sugestão, definindo o respectivo "Quadro de actividades por medida";
5. Divulgar devidamente as conclusões relativas ao processo, quer em caso de implementação, quer em caso de não implementação.

Estamos perante um processo envolvente e integrante de todos os elementos da organização. A abertura que é concedida para que qualquer colaborador possa emitir um parecer, ou uma sugestão relativamente a qualquer área dentro da organização, faz com que as coisas mais simples, que escapam habitualmente aos olhos dos responsáveis directos, possam ser evidenciadas. Esta situação é útil, tanto na resolução de problemas como no aproveitamento de oportunidades.

Neste contexto, as pessoas orientam maioritariamente o seu pensamento na direcção da simplificação.

Com a utilização das ferramentas informáticas, a obtenção de ideias no seio da empresa é bastante prática, rápida e focalizada.

Este processo permite o tratamento posterior de um conjunto vasto de sugestões, com vista a perceber aspectos organizacionais diversos:

— Onde se manifestam as dificuldades com maior frequência;
— Onde se identificam as oportunidades com maior frequência;
— Em que áreas da empresa se identificam maiores potenciais de desenvolvimento;
— De que áreas da empresa surgem grande parte das sugestões, e em que plano se situam: dificuldades ou oportunidades?

Implementação

Face ao exposto anteriormente, a implementação eficaz deste processo na empresa necessita de passar pelas ferramentas informáticas.

Com a vulgarização das folhas de cálculo e caixas de e-mail, é possível definir um conjunto de regras e procedimentos que implementem o processo de SF - Simplificação Focalizada.

O ideal, sendo possível e tal como que já se vai observando nalgumas empresas para a recolha de sugestões, será mesmo a criação de um programa informático de suporte, que permita o aprofundar da informação de gestão emergente deste processo, de modo a que a gestão de topo da empresa possa enriquecer ainda mais a qualidade das suas decisões.

Manutenção

A manutenção do SF-Simplificação Focalizada passa por uma estreita ligação com o SEI-Suporte Estruturado da Informação.

Como vimos, a qualidade e eficácia do processo de SF-Simplificação Focalizada dependem da existência e do cumprimento de regras por parte dos funcionários, que obrigam ao seu envolvimento na classificação das sugestões, num determinado espaço de tempo (um mês nos exemplos anteriores). Obrigam também à implementação das sugestões de forma cuidada, responsável e responsabilizante, dado que se define quem é responsável por fazer o quê, ao longo de todo o processo.

Rigor e profissionalismo têm que existir na empresa em termos gerais, e serão especificamente necessários para a manutenção do processo de SF-Simplificação Focalizada.

Conclusão

Com o processo de "SF – Simplificação Focalizada", para além de se estruturar a empresa no sentido de potenciar o desenvolvimento da criatividade, fruto do envolvimento pessoal no sentido da melhoria contínua e da ausência da crítica negativa, sedimenta-se nos funcionários o sentimento de pertença à organização, que se manifesta com tranquilidade no presente e confiança no futuro. Estes sentimentos evoluem para um estado de espírito positivo, que se sente fora da organização e que auxilia a consistência dos desempenhos de excelência, ao longo do tempo.

Este método valoriza as minorias. Valoriza aqueles que pensam diferente, mas que também têm boas ideias. E estas não se desperdiçam!

Fomenta a comunicação no seio da empresa, através do debate construtivo relativamente às sugestões em análise.

Constrói-se uma verdadeira união e sentido de propósito, quando é necessária a entreajuda na implementação das acções.

Criam-se as condições para que os processos de mudança sejam uma constante, aceites e assentes na estabilidade inerente à confiança nas relações e à solidez da organização.

Verifique em seguida onde se situa a sua empresa...

Simplificação Focalizada					
Nível 5: Melhorar continuamente	Quer o fornecimento de sugestões, quer o debate subsequente, são generalizados a toda a organização e aguçam construtivamente a criatividade individual e o progresso colectivo.	A complementaridade das capacidades individuais surge como a mola impulsionadora da apresentação de sugestões no processo de simplificação e libertação criativa.	Os critérios de validação das sugestões são alvo de revisão periódica em função da efectividade registada no passado, assegurando a focalização nos critérios de eficiência.	Sempre que uma sugestão de simplificação é rejeitada ou validada, os critérios subjacentes são devidamente divulgados, explicados e compreendidos.	Existe na empresa uma busca permanente pela melhoria eficiente, estando a empresa atenta às necessidades de ajustamento na metodologia do processo de SF.
Nível 4: Foco na fiabilidade	Estimula-se a comunicação no seio da empresa, resultando muitas vezes em melhorias significativas da sugestão inicial.	Verifica-se uma cada vez maior renúncia da posição individual em benefício do colectivo, sendo as diversas posições assentes principalmente no espírito de entrega à organização.	A validação ou rejeição das sugestões não depende apenas da perspectiva individual de um funcionário ao mesmo tempo que existe respeito e valorização das opiniões minoritárias.	Os processos de recolha e tratamento das sugestões são expeditos e os prazos de tratamento são conhecidos, respeitados e eficazes.	Existe um controlo efectivo sobre a metodologia aplicada no tratamento das sugestões, sendo garantido um adequado doseamento do fluxo de sugestões no seio da organização.
Nível 3: Modo visual	Está criado um suporte de gestão das sugestões de fácil consulta e acesso generalizado, sendo estimulada a sua utilização no sentido de promover a libertação da criatividade.	Observa-se a aceitação generalizada das sugestões sem que se manifestem juízos de valor críticos negativos. As sugestões são alvo de debate construtivo no seio da empresa.	Os processos de validação das sugestões são percepcionados sem necessidade profunda de explicar o porquê de uma validação ou de uma rejeição.	Sugestões não implementadas não constituem fonte de insatisfação para qualquer membro da empresa. Sugestões implementadas são motivo de orgulho de todos.	A metodologia aplicada no tratamento de sugestões está claramente definida em suporte de informação, devidamente divulgado e de fácil consulta por qualquer membro da organização.
Nível 2: Foco no básico	Submetem-se as sugestões a debate na empresa, promovendo o envolvimento de todos, mesmo os que não colhem efeitos directos de uma dada sugestão.	A empresa estimula as opiniões divergentes, ciente de que a criatividade individual deve potenciar o desenvolvimento colectivo.	A análise das sugestões é abrangente e assente em critérios práticos e objectivos, facilitadores da decisão de validação ou rejeição sob diversas perspectivas.	Toda a sugestão é merecedora do mesmo tratamento independentemente da sua proveniência, aproveitando as economias de experiência.	Estão definidos os principíos e passos inerentes à metodologia de recolha, análise, validação e implementação das sugestões.
Nível 1: Começando	A apresentação de sugestões à direcção da empresa por parte dos trabalhadores é efémera ou inexistente. Quando surge, a sugestão não é alvo de debate no seio da empresa.	De um modo geral, presume-se na empresa que o que está determinado pela direcção é o que está certo e cada um apenas tem a função de auxiliar na execução do que está definido.	A análise das sugestões é concentrada em pouco mais do que uma pessoa, sendo a decisão de implementação enviezada pela sua perspectiva individual.	As sugestões são implementadas ou rejeitadas sem que se dedique atenção a quem efectuou a sugestão, desaproveitando economias de experiência.	Não existe uma metodologia de recolha, análise e validação das sugestões. A implementação respeita apenas as regras do departamento onde se aplica.
Colocar uma marca amarela assinalando o nível de desempenho SF de cada área	**Participação**	**Respeito pelas Diferenças**	**Objectividade**	**Tratamento de Sugestões**	**Metodologia**

Figura 86 - SF: Níveis organizacionais

3.0 CONCLUSÃO

Dinâmica, tonalidade e ressonância são conceitos fundamentais na vivência de uma organização.

Porque dizem respeito ao seu modo vida, dizem respeito ao propósito das empresas, à organização, à execução, às relações humanas, às emoções e aos sentimentos que ali emergem, fervilham e perduram ao longo do tempo.

Dinâmica, tonalidade e ressonância dão significado a uma organização.

Os níveis de execução dependem muito da dinâmica da estrutura da empresa. A tonalidade com que as coisas são feitas, com mais ou menos cor, com mais ou menos som, com mais ou menos intensidade, vai afectar definitivamente o resultado final.

A ressonância que cada organização consegue dar aos eventos que a atingem, sejam os resultados positivos ou os negativos, vai determinar a capacidade da empresa para ser ela própria o primeiro elemento transformador do seu sucesso.

A cultura de uma organização está sempre ligada a estes três conceitos, e é única em cada grupo de trabalho.

A gestão de uma Equipa, tal como aqui se define nos seus aspectos racionais e emocionais, deve potenciar a dinâmica, a tonalidade e a ressonância das acções da organização num contexto positivo.

Cada organização possui as suas próprias idiossincrasias, nos três níveis básicos de análise: competências, processos e pessoas.

Essas especificidades definem um potencial que tem de ser utilizado em pleno.

Constrói-se e consolida-se a Equipa.

Constrói-se o "SEI-Suporte Estruturado da Informação" para direccionar os comportamentos, facilitar a comunicação e garantir a eficácia.

Constrói-se o processo de "SF-Simplificação Focalizada" para criar as condições de Excelência, unindo a Equipa e transformando-a num diamante de criatividade objectiva que a todos beneficia.

Quando a mudança é feita a partir das bases já existentes, tudo se torna mais fácil. Verifica-se menor resistência à mudança, e maior propensão para colaborar na implementação da mudança.

Muda-se com estabilidade!

Alicerçado nos conceitos de Equipa, Suporte Estruturado da Informação e Simplificação Focalizada, a direcção de qualquer organização tem condições para evoluir num ambiente controlado, com segurança e com a confiança necessária à criação de ambientes positivos saudáveis, individuais e colectivos.

O que é uma boa gestão?

A gestão detalha-se em quatro funções: planear, organizar, dirigir e motivar.

As funções da gestão têm uma eficácia sequencial, dependendo as subsequentes da qualidade com que as suas antecessoras são executadas na organização.

Caso contrário, a consistência do sucesso da organização será comprometida.

Gerir é diferente de controlar.

Figura 87 - Gerir é diferente de controlar

Controlar é uma acção que está contida nas acções mais amplas de planear, organizar, dirigir e motivar, mas estas não se esgotam nos processos de controlo.

É a qualidade da gestão que é relevante!

Ao longo deste livro foi abordada a temática da gestão em geral, e do comportamento organizacional em particular.

Este documento constitui uma introdução a um conjunto importante de conceitos, cujo conhecimento profundo é desejável.

Tem o mérito de ajudar o gestor a relacionar os principais conceitos genéricos, inerentes a uma empresa e a sensibilizar o leitor para a importância da articulação entre racional e emocional, para o sucesso de qualquer organização.

Desejavelmente levá-lo-á a aprofundar os seus conhecimentos, priorizando as temáticas que lhe proporcionarão os maiores níveis de eficácia.

Tecnicamente, a vertente racional de uma empresa ao nível da Estratégia, Estrutura e Execução, pode ser aprofundada detalhe a detalhe, muito para além do que aqui se expôs.

O mesmo se pode dizer no que respeita aos aspectos emocionais da empresa, ao nível da Comunicação, Empenho e Entreajuda.

O que é sobretudo relevante, é a simplicidade com que olhando para qualquer organização sobre estas perspectivas se consegue, muito rapidamente, identificar os pontos de força e fraqueza sobre as quais há necessidade de actuar.

O maior controle da relação entre racional e emocional, no seio da empresa, advém da objectividade da acção de gestão sobre as partes constituintes de uma Equipa, tal como aqui se define, sendo consolidada pelo caminhar permanente nos corredores do individual e do colectivo, e entre as linhas de pensamento convergente e divergente.

A existência de uma estrutura física de suporte à informação, que marque claramente as linhas mestras de actuação de toda a organização, é crucial para garantir o funcionamento em uníssono.

O aproveitamento das economias de experiência inerentes ao conjunto de indivíduos, que compõem a organização, é o passo extremo que permite a obtenção de mais uma posição diferenciadora face à concorrência.

A organização que o consegue fazer em termos colectivos nunca dependerá do nível de desempenho de um único colaborador. O colaborador que integrar uma empresa onde o seu crescimento profissional é contínuo, sentir-se-á sempre menos tentado a procurar outra entidade patronal.

A Excelência é atingida quando a criatividade individual é colocada ao serviço da organização, surpreendendo-se pela positiva.

O sucesso só é pleno, quando é simultaneamente individual e colectivo!

"A simplicidade é a extrema sofisticação."

Leonardo Da Vinci

ANEXO

Equipa
SEI – Suporte Estruturado da Informação
SF – Simplificação Focalizada

Equipa
    Racional
    Emocional

SEI – Suporte Estruturado da Informação
    Princípios
    Método

SF – Simplificação Focalizada
    Princípios
    Método

Equipa
    Racional
        Estratégia
        Estrutura
        Execução

    Emocional
        Comunicação
        Empenho
        Entreajuda

SEI – Suporte Estruturado da Informação
    Princípios
        Unidade e Convergência
        Segurança e Confiança

    Método
        Identificar necessidades
        Compreender as acções
        Uniformizar as práticas
        Gerir os imprevistos

SF – Simplificação Focalizada
    Princípios
        Curiosidade e Envolvimento
        Dinâmica e Eficiência

    Método
        Partir do princípio que toda a sugestão deve ser implementada
        Criar um processo expedito de recolha e tratamento de sugestões
        Classificação envolvente das sugestões com base em três critérios básicos:
            benefício, economia e facilidade de implementação
        Concluir rapidamente sobre os termos da implementação da sugestão,
            definindo o respectivo "Quadro de actividades por medida"
        Divulgar devidamente as conclusões relativas ao processo

---

Equipa
  Racional
    Estratégia
      Quem somos?
      O que queremos obter?
      Qual é a conjuntura?
      Qual é o nosso plano?

    Estrutura
      Componentes
      Grau de liberdade
      Solidez

    Execução
      Alinhamento
      Monitorização
      Resultados
      Erros

  Emocional
    Comunicação
      Boa-fé, respeito, dignidade
      Partilha, diálogo
      Capacidade de escuta, de debate construtivo, de encontrar soluções conjuntas
      Expressão - Interpretação - Compreensão

    Empenho
      Comodismo, indiferença, desmotivação
      Alegria
      Significado, propósito
      Intensidade, concentração, objectividade

    Entreajuda
      Objectivos comuns
      Confiança, gratidão
      Complexidade das estruturas hierárquicas

SEI – Suporte Estruturado da Informação
  Vantagens
    Formação à medida das necessidades
    Redução de custos
    Aumento da produtividade
    Ganhos de comunicação

SF – Simplificação Focalizada
  Vantagens
    Redução de custos
    Maior eficiência operacional
    Maior capacidade de inovação
    Maior nível de excelência (maior capacidade de surpreender pela positiva)

  Desafios
    Integração e envolvimento de todos
    Valorizar as sugestões com objectividade, respeito pelas diferenças e sem fazer juízos de valor
    Assegurar que as sugestões não implementadas não causam problemas
    Definir uma metodologia

SOBRE O AUTOR

José Rodrigues, é licenciado em Economia pela Universidade Nova de Lisboa.

Tem uma experiência profissional vasta e diversificada, tendo estado ligado ao Banco Nacional Ultramarino SA, Auto Viação Micaelense Lda, Corretora Fincor – Açores, Escola de Formação Profissional de Ponta Delgada, Companhia de Seguros Mundial Confiança e Companhia de Seguros Fidelidade SA.

Durante três anos, foi responsável pela página de Economia do semanário Expresso das Nove, publicado nos Açores (Portugal).

Está actualmente ligado à Companhia de Seguros Allianz.

Esta experiência profissional permitiu o acumular de experiências como gestor de equipas, formador e muitas vezes participante em ambientes de debate construtivo para o encontro de soluções concretas.

Tem uma paixão particular pela dinâmica da estrutura organizacional e o seu impacto multidisciplinar no meio envolvente: nas pessoas, na própria marca e na concorrência.

Acredita que estruturar uma empresa para explorar a criatividade daqueles com quem se relaciona é absolutamente determinante para garantir a supremacia da organização face à concorrência.

José Rodrigues, 2014

ÍNDICE DE FIGURAS

www.ingramcontent.com/pod-product-compliance
Lightning Source LLC
Chambersburg PA
CBHW080258180526
45167CB00006B/2581